若狭湾沿岸地域総合講座叢書7

史料の被災と救済・保存
～福井史料ネットワーク活動記録～

敦賀短期大学地域交流センター

はじめに

　本書は平成17年6月25日に、地方史研究協議会第56回（敦賀）大会実行委員会の協賛を得て、敦賀短期大学で開催されたシンポジウムの記録集である。

　本シンポジウムを主催した福井史料ネットワークは、平成16年福井豪雨災害を目の当たりにした地元の大学教員、学芸員、司書ら歴史研究に携わる者が立ち上げたボランティア・グループであり、約一年にわたって本書巻末の附表にまとめたような活動を行った。

　「史料の被災と救済」と題された本シンポジウムは、福井史料ネットワークのこの一年間の活動の中間総括として開催されたものであり、基調講演と3本の報告、パネルディスカッションが行われ、活動に携わったメンバーや歴史研究者、学生などの参加を得て、活発な議論が交わされた。

　福井史料ネットワークは、現在は実質的な活動を中断しているが、本書の刊行を契機に、ネットワークを拡大する活動を展開して行きたい。
　災害はいつ発生するか分からない。また、災害を待たずとも、社会変動をもとした様々な要因で歴史資料（特に古文書などの未指定文化財）は日々消滅している。世間では地域社会の再編が謳われているが、その根拠になるものが消滅しようとしているのである。こうした歴史資料の消滅・散逸を防ぐのもわれわれの任務と考えている。読者各位の忌憚ないご意見を期待する。

福井史料ネットワーク

＊目　次＊

松　浦　義　則
　　福井史料ネットワークの経験 …………………………………………… p01

長　野　栄　俊
　　被災状況の現地調査活動および史料の「現地保存」における問題点 …… p07

松　下　正　和
　　2004年台風23号による水損歴史資料の保全・修復活動について …… p15

尾　立　和　則
　　被災した資料の保全と保存処置 ………………………………………… p47

パネルディスカッションの記録 ……………………………………………… p55

福井ネット参考資料 …………………………………………………………… p77

福井史料ネットワークの活動記録 …………………………………………… p85

福井史料ネットワークの経験

福井史料ネットワーク代表
松浦　義則
（まつうら　よしのり）

　2004年7月18日の福井豪雨は大きな被害を与えたが、その被害から歴史資料を救済する活動として私たちの「福井史料ネットワーク」（以下「福井史料ネット」と略）がささやかながらも活動を始めてから一年が過ぎた。この活動に対する会員の報告なども現れるようになり、2005年6月25日のシンポジウムにおいては、そうした諸報告をまとめ、これまでの活動をふり返ってみた。その時の報告の要点を記しておきたいと思う。

(1) 福井豪雨被害と史料
　福井豪雨においては、史料を有する旧家が比較的水害に強い立地条件にあった。「被害にあった」というより「被害を受けなかった」という特質を持つ。史料保管者にも大事な史料という認識（区有文書など）があり、二階などに避難した例がある。神戸震災が都市型被害とすれば、福井豪雨は農村部・谷地形における被害であるといえよう。福井市のような市街地では戦後直前・直後の災害を経験したことによる史料保存意識も影響したとされている。
　いわゆる救出史料は福井県文書館に寄せられた6資料群くういで、少なかった。丹後・但馬などの水害と比較すると、それらの地域が「浸かっている」のに対して、福井豪雨は史料に対する被害があったとすれば「流失した」とみるべきであろう。あるいは被害直後にはまだ救出が可能であったかもしれないが、被害者の感情を考えると被災直後の段階ではやはり調査は困難であった。よって8月22日の中間総括の段階で新たに救出を必要とする史料が大量に出てくるとは考えが

たいとされている。このことは福井以外の被災地では「保管場所」を心配しているのに対し、そのことを気にする必要がなかったし、文書館でともかく対応ができた。こうしたことから、8月末には「大勢は決した」という雰囲気になり、活動の中で「発見」された今立町の服部奥衛門家の文書整理をする余裕があったのである。福井史料ネットによる被災史料の「救出」の事例が少なかったことは、「成果」がなかったというより、福井豪雨災害の歴史資料に対する特質と理解すべきかと思われるが、この点はさらに議論を深める必要がある。

　史料は一応無事だという印象は持ったが、私が調査で回った限りにおいては、史料が無事であることを確認した場合は少なく、対応して下さった家の人も史料がどこにあるかははっきりしないため、今回の浸水状況では無事であるとの状況証拠によって判断した場合が多い。また救出史料がほとんどないため、その保管、修復が終わった後は史料をどう扱うか（返却しても大丈夫か）などの問題について経験することができなかった。

(2)福井史料ネット組織論
　立ち上がるまでの神戸の史料ネットの主導性と、それなしには福井史料ネットは結成が困難であったろう。神戸震災の場合は、最初は4学会連合の動きであったが、福井においてはそのかたちをとらなかった。その結果、結成の時の参加者以外に活動に参加する人がいないという状態となった（県外の人は別）。なぜそのほかの歴史研究者を動かし得なかったのかは分析が必要であろう。福井県では1970年代後半から80年代終わりころまで「福井の文化財を考える会」が遺跡保存などを訴えて活動していたが、その後中断している。また逆に福井史料ネットに参加した人々はどのような意識から参加したのか、ボランティアというより半ば義務意識によるのではないか。災害などに対して官（文書館・博物館・文化財保護行政）・学（大学）・民（地域史団体など）の共同の必要性が説かれているが、民の参加のなかった福井においてこれをどのようにしていくかが課題となろう。

文書館・博物館などが事務局となりにくい状況が福井県にはあった。また神戸や仙台のように大学が事務局となりにくい状況も活動に大きな影響を与えた。ちなみに福井大学班は3人で活動したが、これはたまたまこの年に大学院と留学生がいたからであって、そうした学生は通常は10年に1人くらいである。したがって事務局員の常駐も不可能で、特定の事務局・事務局員を置くことができなかった。専用の携帯電話を設定したが、最初使用しただけで、費用がかかるので解約した。澤・長野両氏が事務的仕事を引き受けて下さったこと、電子メールによる連絡網によって事務局員なしでもなんとか調査体制を組むことができた。しかしこれには限界があり、ある程度の人数が参加するようになると調整する中心が必要であることは明白だと思う。こうした中心を欠いたことが、活動に参加する人が少人数にとどまらざるを得なかった理由の一つと考える。もし大量の「救出」史料があった場合には「実働部隊」を欠く福井史料ネットでは対応できなかったし、県外の「実働部隊」にたよることも財政面の制約からできなかったであろう。この点似たような状況にある県が問題点を出し合っていく必要がある。

　福井史料ネットと県・市町村との関係は一律ではなかった。全体として県・市町村に依存することなく活動したと思う。ボランティア活動とは本来そうしたものであるが、ただ被害が激甚であった池田町・鯖江河和田地区や美山町では町の担当者、市の史料に詳しい人、文化財保護委員の案内をお願いした。史料救出が緊急問題とならなくなった段階の活動は、被害の有無の調査となったといえる。「救出」は時間を争うこともあるし、市町村の担当者も復旧に忙しいから、ボランティア活動が重要になるが、復旧が一段落すれば被害調査は市町村でも行わなければならないものではあるまいか。我々の独自のボランティア活動は決して十分なものではなく、地域の人々に対し史料問題について責任を負える立場にもないから、この活動結果でもって福井豪雨の史料災害は一般的に言って少なかったと公的な評価につなげることはできない。

(3) 史料論

　被災史料の救出において、需要が少なかったことにより、大きな成果はあげられなかった（先述の今立町服部家文書の調査・整理できたことは成果であったが）。しかし活動を通じて、史料保存の問題について考えざるを得なくなった。

　「著名」な文書を所蔵される家以外の多くの家では、当主が不在の場合などでは、そのほかの家族員は史料を持っているという認識がないことが多かった。自治体史編纂の時の調査から30年近くも離れていればこうした状態になることは不思議ではない。自治体史が終わり、たいした文書でないようなので廃棄したという例すらある。被災状況調査台帳作成時の時にすでに家が確認できないもの、あるいは水害以前に損壊・廃棄・行方不明になった史料がある。水害・震災以上に史料のこうした状況こそが深刻で、取り組むべき問題であるとの指摘がなされた。こうしたなかで史料・文化財を維持していくために各自治体がそれらの現状を把握し、適切な対応をとることが必要である。県の文化財行政や県の文書館はそれなりの地方組織を持っているが、それを充実させていくことは可能であるか。それにわれわれがどのように関わることができるのか。神戸の史料ネットの議論を見ると、史料保存の公共性は行政のみが担うものでなく、市民が参加すべきものとされている。その前提に市民と友に地域の歴史や古文書を考える会・講座が開催されているが、我々にできることは何であろうか。

　こうして福井史料ネットは緊急の史料救出から持続的な史料保存の問題を考えるようになり、所蔵者に保存の必要性や保管場所などに関する文書を送るという計画がなされた（まだ実行していないが）。また、福井県が募集した「福井県災害ボランティア活動マニュアル」に対し、7月27日に歴史資料保全の立場から応募した。われわれ福井史料ネットはこうした保存活動を続けていきたいと思う。

　福井史料ネットの活動は小規模で目立たない活動ではあるが、貴重な活動であった。それはそこに参加した個人にとって貴重な経験であったという意味ではなく、災害を前にしてそれに十分対応することのできない行政や研究団体という状

況のなかで、ともかくもボランティア組織を結成したことが貴重なのである。こうした組織を維持していくことの困難さは十分承知している。しかし電子ネットワークの力を借りながらも、持続可能なかたちでこの活動を継続する智慧を出していきたい。

6

被災状況の現地調査活動および
史料の「現地保存」における問題点

福井史料ネットワーク

長野　栄俊

　福井史料ネットの長野と申します。今ほどの松浦代表の報告を補うものとして、特に現地調査の方法および調査の準備について少し詳しくお話しをしたいと思います。また、後半では史料の現地保存における問題点についても述べたいと思います。

(1) 調査方法・対象の決定

　豪雨災害の1週間後、県文書館で開かれた会合で、神戸の史料ネットからお越しいただいた方々から、すぐにでも現地調査を始めたほうがよい、とのアドバイスをいただきました。

　私自身、災害発生の翌日から、被災地域の生活復旧のためのボランティアに参加したのですが、その中で多くの家財道具が何のためらいも無く廃棄されていく様子を目の当たりにしました。従って、仮に史料が被災したのであれば、それが捨てられるまでの時間は、おそらく震災被害などに比べて、かなり短い・速いのではないか、との推測もできましたので、とにかく早いうちに幾つか現地を回っておこう、という話になりました。

　思い返せば、その時点では実際に被災した地域がどの範囲であり、またどの程度の被害を受けているかを行政の側でも掴みかねていた段階だったのですが、限られた時間と人員のなか、効率よく調査活動をおこなうために、まずは調査対象地域を被害の大きかった地域に限定しよう、ということになり、5市町を対象地域としました。

そのうえで、何らかの方法でその地域に住む史料所蔵者のリストを作る必要があるだろう、ということになり、翌週から始まる現地調査を前にして、急遽リスト作りに取り掛かりました。

(2) 史料所蔵者リストの作成
　ところが、実際にリスト作成作業にとりかかってみて、2004年段階の史料所蔵者の現況を正確に把握できている自治体が皆無である、ということがわかりました。最近、自治体がいわゆる「民間所在史料」にどこまで関与すべきかが議論されはじめていますが、被災した自治体では、こうした文化財には指定されていない歴史資料、古文書の所蔵状況を把握していなかったわけです。また、仮にある程度の情報を把握できていたとしても、ほとんど全ての自治体職員（それが文化財などを担当する職員であっても）が、ライフライン復旧のための業務に駆り出され、連絡をとることすらままならなかった状況において、果してどれだけの情報交換や連携が自治体ととれたのか、という問題もありました。
　そこでとにかく所蔵者リストは自分たちで作るよりほかないだろう、ということになり、まず参照したのは、1970～80年代に公刊された古文書目録でした。福井県下ではこの時期に自治体史の編さんが盛んに行われ、その準備段階として撮影、収集した史料の目録をそれぞれの自治体で刊行していました。情報としては20～30年以上前のものであり、すぐに所蔵者リストとして使えるものでありませんでした。また、公刊された目録ということもあり、いわゆる個人情報について（例えば、詳しい番地ですとか、電話番号、現所蔵者の名前など）を載せないものもありました。そこで今度は当時の住宅地図や電話帳で、それらしい名前を一軒一軒調べていき、その後で2004年の電話帳などで現在の所蔵者を調べ、結果を最新の住宅地図に落とす、という作業を行いました。この間の作業を福井県出身で県外の大学に在籍していた大学院生の方にもお手伝いをいただきました。
　20～30年前の目録しか参照できないということ自体、問題があるのだとは

思いますが、一方で、この目録のコピーを調査員が持っていくことで、訪問調査の際に、「いつの時代のこんな文書があるはずですが」というようにして話を進めやすいというメリットもありました。

(3) 調査結果

それで実際に現地を回ってみての結果ですが、所蔵者宅の立地条件や保管場所などの好条件が幸いして、豪雨被害による史料の被害は少ないという印象を受けました。始める前は、とても大きな被害があるのではないか、と思っていたのですが、実際に現物の史料を確認できた例はもちろんですが、状況からみても史料が被害を受けた例は少なかったという判断を我々はいたしました。

ところが、この豪雨による被災以前に既に「被災」していた史料が非常に多い事に気付かされました。まず、20〜30年前の目録には載っていた史料がすでに廃棄されていたという例がいくつかありました。自治体史編さん事業が済んだ頃に捨てたとか、改築の際に捨てたという例。また、訪問のタイミングにもよるのですが、その時家にいた人の多くが、ご自分の家に史料があることを認識していない、またどこにあるかを把握していない、といった広い意味での行方不明の例が非常に多くありました。この点、ご自分の家で所蔵されている史料に対してどれだけ関心を持っているのか、簡単な図式化は危険ですが、都市部では比較的関心を高く持っており、農村部・谷地形などではあまり関心がない、ということを感じました。もちろん個々の家の事情もあるとは思いますが、おおむね無関心のお宅が多く、「史料は無事でした？」という問いかけに、『あれはどこそこにあるから大丈夫だ』という明確に即答された方が少なかったという印象を調査員の多くが感じたようです。

(4) 史料の「現地保存」における問題点

さて災害と救出・保存、という観点からしますと、私たちの活動を通じて浮き

彫りになってきた問題点がレジュメにも示しましたが、いくつかありました。

　まずは先ほども申し上げましたが、史料を所蔵されている方々の多くが、ご自分の家にある史料にさしたる関心を持っていない、ということが見えてきました。家族や地域共同体などを含めた社会構造の変化、生活様式の変化、また個人的な関心のあり様など、様々な要因があるとは思いますが、無関心ゆえに代々伝来してきた史料がこの数十年の間に破棄されたり、行方がわからなくなったりしているわけです。もし所蔵者が何らかの関心を常日頃お持ちであれば、例えば災害への対策も「事前に」講ずることができるでしょうし、また実際に災害が発生した時に避難させることもできます。

　次に、この所蔵者の無関心の問題ともかかわりますが、所蔵者と研究者、行政との間で、史料の認識についてギャップがあるという点が指摘できます。特に近代史料について顕著に言えることですが、自治体史編さんに関わった研究者が「歴史的に重要」と判断した史料でも、所蔵者はそのように認識していない、という場合が往々にしてあります。また研究者が重要、と判断しても、文化行政サイドではこれを未指定であるがゆえ、単なる個人財産であり、これには積極的に関与すべきでない、とする考えを持っています。所蔵者と行政に対して、史料の価値を説き、ひいては保存への関心を持ってもらうことは、研究者にとって課せられた義務なのではないでしょうか。

　第三に自治体が自らの領域内にある史料の所蔵現況を把握できていない、ということが大きな問題としてあげられます。先にも述べましたが、数十年前の目録刊行以後、所蔵者の所蔵情報を更新して把握しているところがどれだけあったのか。現地で保存される史料に対し、毎年とは言いませんが、状況を常に把握しつづけていくことは、史料の現地保存において最も重要なことの一つだと思います。定期的、永続的な保存状況の確認により、史料の滅失を未然に防ぐことができると思いますし、またこのたびのような災害発生時の初動がスムーズなものになると思います（例えば行政自らが現地調査をすることが困難な状況でも、行政が把

握する情報に従って、ボランティアなどが調査を代行、御手伝いすることが可能なはずです)。

　また、この問題は自治体史編さん事業のこれまでのあり方とも関わっていると思います。自治体史編さん事業が終わりに近付く頃、史料の保存・利用に関して問題となるのは、どちらかといえば、編さん過程で撮影・収集したマイクロフィルムや紙焼き複製本をどうするのか、利用できるようにするにはどうすればよいのか、ということばかりが問題になるのではないかと思います。どちらかといえば「利用」の側面が重視されてきたような気がします。しかし、編さん事業終了後も現地で保存されつづけていくはずの史料、それぞれの所蔵者宅で保存され続けていく史料に対して、いわば現地での「保存」に目をむけ、永年的に何らかの措置をとっている自治体というのは、どの程度あるのでしょうか。例えば、保存について言えば、簡単な保存の方法を教えてあげるとか、何年かに一度かは史料が無事所蔵していますか、といった通知を出すとか。また、認識や関心を深める、という意味では、その家の史料がどのような内容をもつものであり、地域の歴史においてどのような位置付けをされるものであるかを、わかりやすい言葉で教えてあげる、といったことが重要なのではないか、と思います。活字になったのだから現物は不用だろうと廃棄された例は他所でもよく聞く話ですが、逆に本に載らなかったのだから不用、廃棄という事例が今回の現地調査の中でも実際にありました。

　ところで、ボランティアの組織や運営の話になるのですが、今回の私たちの活動には残念ながら純粋な意味での市民・住民の方の参加は見られませんでした。これも一概に「他所ではこうなんだから、うちもこうあるべき」とは言いませんし、また福井では戦後積極的に史料保存運動が展開されなかったという歴史が影響しているのかもしれません。いずれにせよ、所蔵者だけでなく、地域の住民が、自分たちの住む地域、「現地」において、自分たちの地域の歴史を伝える大切な歴史史料を持っているんだ、という認識を共有することが大切だと感じます。私

たちが災害直後、まだ依然として浸水した家の復旧活動、畳上げとか、泥掻きなどをやっている地域に入り、お宅を訪問し、「古文書は無事でした？」ということを聞くことはためらわれる、憚られる、という意見が私たちの間でも聞かれました。また実際に現地に入った調査員が、かなり厳しい対応をうけた、という報告もありました。しかし、地域の住民が共通の認識として、歴史資料を大切に思う気持ちがあるのならば、こうした躊躇も少しはなくなるのではないかと思います。そのためにも史料は現地でこそ利用されるべきですし、保存されていくべきとも考えます。

さて最後にレジュメには「「現地主義」の復権（現地保存体制の確立）」と書きましたが、私個人の意見を言わせていただきますと、現在の「現地保存」「現地利用」はお題目だけで、中身がない、と思います。現状のままでは「現地保存の原則」が正常に機能していくのは難しい、と言わざるを得ません。しかしだからといって、例えば県の文書館や市町村の資料館などがこれらを現地から引き剥がして、集めて回って、一箇所に集中させることにも問題があります。持ち主の気持ちや活用を考えると、現地で保存していく方がいい場合もたくさんあります。

ではどうすれば現地主義による保存・利用が正しく機能していくのか。

きちんと自分の手元で保存していきたい、と所蔵者の方が思っているうちは、行政やボランティアがどうこうせずともきちんと史料は残っていきますし、実際、そのようにして今日残っている史料は伝わってきたのだと思います。逆に、所蔵者の方がご自分の家の史料に関心を持たなくなり、どうでもよくなった途端、それは廃棄されたり、災害などを機に失われたりするのだと思います。

行政やボランティアの役割というのは、所蔵者や現地の方々に、現地で史料を持ち続けていきたい、利用し続けていきたい、と思ってもらうためのお手伝いをすることなのではないでしょうか。史料を読む力を持ち、史料の保存に関する知識も持った方が地域地域、現地にいらっしゃる、というのが最も望ましい形なのですが、なかなかそこまでは望めないでしょうから、せめて各市町村レベルで、

文書を扱える職員がいて、数年に一度ずつでも現地での保存現況を調査し、アドバイスをしたりすることで、はじめて現地保存の原則も意味を持つのだろうと思います。こうしたきめ細かい保存の体制を行政だけで構築できないときにこそ、私たちのようなボランティアが何らかのお手伝いをする、そういった形が望ましいのではないでしょうか。

　以上、思いつくまま、言いたいことを言わせていただきました。少し、史料の被災と救済・保存というテーマから外れた感もありますが、災害が起きてからあわてても仕方が無い、常日頃、意識をもって現地で保存していくこそ、災害への備えにもなるのではないでしょうか。今回の豪雨水害をきっかけに、現地での史料保存の色々な問題点が見えてきたように思います。

14

2004年台風23号による水損歴史資料の
保全・修復活動について

歴史資料ネットワーク事務局長
松下　正和
（まつした　まさかず）

　皆さんこんにちは。ただ今ご紹介に預かりました歴史資料ネットワーク事務局長の松下と申します。神戸の史料ネットが行いました「2004年台風23号による水損歴史資料の保全・修復活動について」報告をさせていただきます。

　歴史資料ネットワーク（以下「史料ネット」と略）自体の詳しい説明はレジュメに譲りますが、1995年の阪神・淡路大震災で被災した歴史資料を救済するために、大学の教員・院生、行政の文化財担当職員らが中心となるボランティア団体が出来ました。それ以降も、阪神・淡路大震災での被災史料保全の経験を他の被災地でも伝えるべく、2000年の鳥取西部地震、2001年の安芸灘芸予地震、2003年の宮城県北部連続地震、2004年の新潟水害・福井水害にも対応してまいりました。レジュメにもありますように基本的には地震を中心に救済活動をしてきました。実は私自身の認識の中では、水害時に保全活動を行うことは想定していませんでした。それは、濡れた史料や流された史料はレスキューなどできないという漠然とした考えがあったからです。ところが、2004年7月に新潟・福井水害が発生した際、尾立さんから、「史料ネットは水害対応をしないのですか？」という電話をいただき、そこでようやくはっと気づいたんですね。「そうか、災害は地震だけじゃないんだ」という当然のことに気がついたわけなんです。私が事務局長になる以前のことですが、名古屋で大規模な水害がありました。その際にも神戸の史料ネットが対応を行おうとしたのですが本格的にはできなかったという話を聞いております。2004年は新潟・福井での集中豪雨や10個もの台風が上陸するなどで、日本列島各地で特に風水害が連続して発生いたしました。こ

のようなわけで、史料ネットは風水害にも本格的に対応をはじめることになりました。

　本報告で中心的にお話しする2004年10月に発生した台風23号による被害は、レジュメに掲載しましたが、床上・床下浸水の多さという点が特徴として挙げられます。先週、神戸の史料ネットの総会で多仁先生にお越しいただき、その際に福井での被災史料の実態についてご報告いただいたのでよくわかったのですが、福井の場合お宅が水に浸かっても幸いに被害がなかったか、もしくは被害にあった場合は完全に流失してしまうというケースのいずれかであったことが紹介されました。ところが台風23号での被害はちょっと違いまして、山間部では山からの鉄砲水で蔵が土砂に埋まる被害が見られたこと、そして円山川や由良川など大規模河川の流域では、堤防決壊もあったようですが、堤防を越えて水が溢れる越水や、街中でも排水不能による内水氾濫もあったそうです。いずれの場合にも史料に被害がありました。特に浸水被害が多く、かつ史料ネット事務局から近い兵庫県・京都府を中心にわれわれは対応を行いました。こうして台風23号への対応が、震災後初の史料ネットによる直接的な対応という事になりました。

　本報告では、台風23号による被災歴史資料の保全・修復活動やこれまでの震災時の活動をふまえつつ、被災地における自治体・地元住民・史料ネットとの連携による保全活動の現状と課題、平時の防災対策について述べたいと思います。

　以下では、被災歴史資料の具体的な保全活動の進め方についてお話いたします。まずは、「1．被災史料調査とレスキュー活動について」をご覧ください。今回の水害対応の特徴を一言で言いますと、私たち史料ネットと被災地の大学、行政、地元住民とが連携することによって、史料保全が可能となったとまとめることができるかと思います。具体的には「(1)史料ネットの活動の流れ」の①から⑩に書いてあります。

　「①自治体・マスコミ・ボラセンへの呼び掛けＦＡＸ」というのは、まず私たち史料ネットは、大規模な災害が発生して数日たった後に、自治体の文化財担当

部局や地域史研究団体などに連絡を行います。【参考資料1】にＦＡＸ例をあげておきましたが、被災資料の現状を確認する調査をお願いしています。一方で、マスコミの方には被災した史料をむやみに捨てないで欲しいという記事を掲載していただくようお願いしています。先程長野さんが、史料ネットが紹介された新聞記事を被災された所蔵者の方々に見せながら活動したほうが説明しやすいとおっしゃっていましたけれども、本当にその通りで、これは信用の証にもなります。そしてこれは福井史料ネットワークの皆さんに教えていただいたのですけども、ボランティアセンターにもＦＡＸを送って、被災地で直接復旧作業にあたるボランティアの方々にも被災史料を廃棄しないようお願いすることにしました。

「②兵庫県・京都府への協力要請」ですが、私たちがまず協力要請したのは県教委です。県教委から通達があったほうが市町の方も動きやすくなるという経験を宮城地震の際にしたものですから、私たちも兵庫県教委・京都府教育庁にまず被災史料調査の協力要請を行いました。その結果、兵庫県教委は水害被災資料保全の通達を各市町に出してくれました。また、兵庫県史編纂時の史料を収集・保管している県政資料館からは県内の史料所在情報を教えていただきました。それをベースとして私たちは目録を作成しました。京都府の場合は、京都府立総合資料館や京都府教育庁から被災情報の提供をうけました。また丹後郷土資料館の職員の方には被災史料の調査・修復活動にも同行していただきました。行政の協力を得たことで、私たちの活動も信用をえることができました。

「③郷土史研究団体への協力要請」については、特に地元で歴史を研究されている方々、そういった市民研究者の協力をえたいと当初から考えていました。そもそも史料保存は何のために行うのか、史料は誰にとって重要なのかと言う点を考えますと、やはり地元住民の理解を得なければいけない。兵庫県の場合ですと、但馬史研究会の会長さんが史料保存に理解を示してくださる方でしたので、その会のメンバーを中心に被災史料調査への協力をお願いしました。但馬・丹後など地域にそれぞれ地元に根付いて着実に研究を重ね、史料保存についても熱心にと

りくむグループがあるんだなと今回改めて感じました。

　次は「④被災状況の確認作業」です。地震の場合は、震度5以上の被災地を調査するという史料ネット内の一つの基準がありましたので、ある意味機械的に調査地を決定することができるのですが、水害の場合はそのような基準を決めていませんでした。そこで今回われわれは、災害救助法が適用されている自治体をチェックし、国交省の防災情報や自治体のホームページなどから浸水域を確認し、被災地の文化財担当職員からの聞き取りや自治体史・辞典類から情報をえて民間所在史料を把握します。これらを地図へ書き込み、浸水域に該当する地区・所蔵者宅を中心に、地元の皆さんに案内してもらいながら、私たちは地元の被災状況を確認することにしています。具体的な調査マニュアルについては【参考資料3】に詳しく載せていますので省きますが、やはり一番大変だった点は、史料所在の把握でした。福井史料ネットさんの場合はかなりしっかりやってらっしゃるというふうに、私たちも調査に同行させていただいたときに感じました。阪神・淡路大震災の時の、神戸市内の調査もそうだったのですが、今回の台風23号被災地における民間所蔵史料の把握はほとんど出来ませんでした。というのも、実は古代史専攻の私が、ほとんど1人で近世・近代の地方資料の所在調査目録を作成していたからです。ではなぜ史料ネット事務局でそういう作業が出来なかったのかといいますと、後の話でも出てくるのですが、実は濡れた史料の乾燥作業に人手を取られて、事前調査を行うことができなかったということがありました。

　史料ネット側で事前調査が済みますと、次に「⑤被災市町への連絡・訪問」を行います。事前に調査した所蔵目録データと浸水域データをふまえ、被災地の教育委員会などを訪問します。そこには、教育委員会や自治体史編纂室・図書館・資史料館・博物館の職員など、自治体の文化財担当職員、地元の地域史研究団体の方、そして地元の大学の研究者などに集まっていただくことにしています。あとは可能な限り、文化財審議委員や被災地の区長さんなど地元についてよくご存知の方々に集まっていただきました。これを私たちは協議会と呼んでいますが、

これを大体午前中に開いて、その際に史料ネット側で把握した被害状況を提示したり、地元の皆さんと一緒に被災地をまわって被災した史料の有無や被害の確認作業を行うことの趣旨説明と調査の同行依頼をしています。そこで一通り説明した後、地元の皆さんから同意が得られれば、午後からは一緒に被災地をまわるというスケジュールとなります。復興作業でお忙しい中、ほとんどの自治体で私たちの活動に協力をいただきました。

先程、なかなか被災者の方に史料の有無や被害状況についてお話を伺うのが難しいという話がありましたが、まさにおっしゃる通りで、確かに被災直後に史料が無事かどうかというお話を聞くということはこちら側も緊張を強いられます。「⑥被災史料所蔵者宅への訪問」の際には、事前に用意した史料所在情報にもとづいて所蔵者宅を訪問し、【参考資料2】のチラシを配りながら史料ネット活動の趣旨説明をしつつ被災史料の確認を行いました。その結果、【表1】【参考資料4】にもありますように、兵庫県では4市7町、京都府内では4市3町を巡回することができました。レジュメでは「調査」と書いてしまったんですけれども、私たちの基本的な態度は調査というよりも災害復旧ボランティアの延長線上なんですね。だから私はいつも作業着を着ていくのですけれども、場合によってはお宅の復旧のお手伝いもできるように、スコップ・雑巾・ブラシ・ゴミ袋などの掃除道具も持参していきます。被災史料の保全活動を通じて、歴史資料が地域社会にとって持つ意味を伝えるとともに、被災者の方々と共同で保全活動を行うことで、歴史文化を復興に活かすことの必要性や、こちらのスタンスなども被災者にお伝えしていくことにしています。ただ単に歴史の研究者が自分たちのほしい資料を調査・保全しに行くのではないのだということを、毎回地元の教育委員会の方や住民の方などに説明しました。そのような積み重ねによって、お互いの信頼関係というものにつながっていったのではないかと思います。

⑦番目の「水損・汚損史料への対応、レスキュー活動」では、実際にはほとんどのお宅で被害がなかったか、あっても所蔵者ご自身で陰干しされているなどの

対応をなさっていました。しかし、一方で残念ながら被災を契機に廃棄したケースもみられました。この背景にはやはり濡れた史料でも乾燥すればある程度は修復可能であるということが周知されていないことがあります。また、被災時の相談窓口も思いつかなかったということがありました。「史料ネットのような活動を知っていたら捨てなかったのに」とか、「もう少し早く来てくれれば残しておいたのに」という所蔵者の声をこれまでにも何度となく聞いてきました。それだけに、被害の程度が軽く特にレスキューの必要がない場合でも、今後濡れたとしても廃棄しないでほしいこと、濡れた場合は湿気取りのため濾紙やキッチンペーパーなどを挟んで吸水し、ある程度乾けば陰干しするなどの対処法をお伝えしました。一見地味な活動なんですが、後のことを考えると、濡れてもある程度は修復が可能であるということを伝える活動が、実は一番大事なんです。所蔵者の方に直接「濡れても大丈夫なんだ」ということを認識していただき、また保管上困ることがあれば、役場か史料ネットに相談してください、とお願いもいたしました。

　所蔵者の方では乾燥処理できず、なおかつ史料ネットに依頼があれば、史料をレスキューするケースもありました。せっかく用意してきましたので、皆様には被災事例をごらんいただこうかと思います。【参考資料5】をご覧下さい。これは11月1日に日高町を巡回調査しているときに偶然発見し、第1回目のレスキューにいたった日高町岩中M家の事例です。われわれが到着したときにはすでに所蔵者の方が、水損史料を陰干しされていたんですけど、カビが発生しており、処置に困っているとのことでしたのでレスキューしました。具体的には、殺菌のためにエタノールを噴霧し、透明のビニール袋に詰めてM家から車で搬送しました。翌日尾立先生の研究室に搬入し、乾燥作業をしていただきました。

　11月7日の第2回目のレスキューは、同じ但馬の日高町浅倉T家の事例です。これはTさんのお宅の蔵から出てきた水損史料ですが、中には写真にありますように、泥んこの中から史料が出てきたんですね。写真のキャプションに「出土」

と書いたように、本当に泥の中から史料をレスキューしました。通常私たちがイメージしていた水損史料はしっとりと濡れて紙が茶色くなっているという状態だったのですが、例えば左側の写真で箪笥の引き出しが写っていますが、その2つの引き出しのうち、右側の引き出しの中の史料の状態ですね。濡れている部分が茶色くなっています。一方白っぽく写っている左側の引き出しの中の史料は水損から免れました。だから私は、まさか泥の中から史料が出てくるなどとは夢にも思っていませんでした。結局、泥で汚れたままでは搬送できなかったので、現場の判断で古文書を水で洗って泥を落とすことにしました。今から思えば、特に水につけずに泥だけそぎ落として、ビニール袋に詰めてレスキューしたら良かったのですが、その時は水につけてしまいました。ところが和紙に墨で書かれていた史料は丈夫でして、多少水に濡れても墨が落ちることもなく大丈夫だったんですけれども。程度の軽い水損史料はクール宅急便で神戸大学に搬送し、水洗いした汚損史料は、被災地で急遽買ったプラスチック製の衣装コンテナに密封してレスキューしてきました。実は、ここのお宅に最初伺ったのは日高町を調査していた11月1日でした。しかし、そのときご当主に史料ネットの趣旨を説明していた際には、生活復旧が優先でして「史料どころじゃない」といわれたお宅だったところでした。そのときにはチラシだけをお渡ししたのですが、そのチラシを読んでいただきこちらの活動の趣旨を理解してくださったご当主が、1週間後に「レスキューにきてほしい」という連絡をしてくれました。この被災地入りのタイミングはいつも悩みの種となっています。原則はライフラインが復旧しだす被災から1週間後というのが一つの目途となっていますが、遅すぎたら捨てられますし、早すぎても叱られるというところで、いつもぎりぎりの選択をせまられています。とにかくチラシだけは置いていくというようなことをしてきました。

　他にも、11月19日に出石町H地区から区有文書や現在の自治会文書をレスキューしました。以上、但馬でのレスキューでは、水損史料をビニール袋に入れて、ダンボールに詰めて、車や宅急便などで搬送し、大学で乾燥作業を行うとい

うパターンをとりました。

　年明け以降の丹後でのレスキュー活動では、被災現場ごとに修復・乾燥が可能な場合は大学に搬送せず、できるだけ現場で乾燥作業を行うというふうに方針を転換いたしました。たとえば、京丹後市久美浜町の水損襖のレスキュー事例では、地元の京丹後市ふるさと歴史研究会の会員のお宅で襖のカビ取り、下張りはがしをしていただいております。また舞鶴市M地区の区有文書の場合は、区長さんの別宅で乾燥作業をさせていただいております。このような持ち帰り乾燥から現地乾燥へと方針を変えたのは、今後の史料保存や活用を考えるときに、地元の方々にも修復の過程を見ていただき、またできる限り乾燥作業に参加していただいたほうがよいのではないかという議論があったからです。もちろん被災されている方々に無理は言えませんが、被災地の状況が許す限り、今後も現地乾燥の方法でやっていきたいと思っております。

　「(2)保全活動の成果」にもまとめましたが、結局、但馬・丹後あわせて全部で7件のレスキューを行うことが出来ました。正確な点数はわかりませんが、段ボールにして40箱以上、点数にして1,000点を超える水損史料をレスキューしたと思います。

　また、このような被災史料の保全活動を通じて、「②住民の満足度」にもあるように、家やまち・むらの歴史の保全が、被災者の復興時の心の支えになるという点が私たちにも分かって、そのこと自体が私たち自身の活動時の心の支えにもなっていくことも改めて感じました。

　これからの事を考えますと、「(3)保全活動の成功の条件」として3点を指摘することができるかと思います。一つ目は、所蔵者の意識の高さです。家や蔵を高い立地に建てている方、浸水しても史料の入った柳行李を担いで2階にあがった方、史料が水損しても自力で陰干し・乾燥させていた方など、史料を守ろうとする意識の高い所蔵者にも出会いました。

　二点目は、被災地の自治体や市民の方の協力です。自治体の文化財担当職員の

方々からの情報提供や、調査への同行などの協力をいただいたということが大きいですね。他にも広報誌やホームページやケーブルテレビなどで史料ネット活動の宣伝をしていただきました。自治体の方や地元の歴史研究団体の会員の方々に同行していただいたことで、被災者の方に安心感を与えたようです。私たちよそ者が大人数で所蔵者宅に押しかけて行けば、被災者の方に恐怖感・威圧感を与えてしまいます。そんなときに1人でも地元の方がいて、またたまたま知り合いだったりすると「あぁ、〇〇さん！お互い大変でしたねぇ。これは何の調査ですか？」などとスーッと話が上手く進みました。その時に改めて地元の方の力は大きいなぁと思いました。被災史料の保全活動は、よそ者の史料ネットだけでは絶対出来ないことです。

　三つ目には被災地入りをいかに早くすすめるか、つまり被災地での史料保全活動のための現地組織をいかに早く作ることができるのかということがポイントとなります。先程も申し上げたように、早く行きすぎますとお叱りを受けますので、私たちが現地入りする1つの目安としていますのが、とりあえずライフラインが復旧し、避難勧告が解除され、ゴミ出しが本格化するあたりです。また、家屋や蔵が公費により解体可能となってきますと、それをきっかけに中にある史料もついでに廃棄処分するというケースが阪神・淡路大震災以降の地震の際にもありました。このように災害救助法が適用される地域にも注意をはらっています。特に、水害による被災史料は放置すればカビが生え、地震による被災史料よりも廃棄されやすくなると想定されます。それだけに水損史料は早急な修復処置が必要となってきます。

　「2．吸水・乾燥・修復作業について」のところでは、水損史料独自の問題、つまりカビ、虫の発生などによる史料崩壊・腐敗臭の発生を防ぐために、いかに速やかな吸水・乾燥作業が必要かという点についてお話したいと思います。地震による被災史料の保全と比べて、水損史料は一層困難な課題をわれわれに突きつけてきました。特に水濡れによりカビが発生し、腐敗臭が漂ってきますと普通の

所蔵者の方々は「もう駄目だ」とあきらめて捨ててしまう。普通はそうだと思うんですね。実際にゴミとして廃棄してしまったケースというのがいくつかありました。濡れても修復可能なんだという点をいかに周知することができるのかがポイントとなってきます。とにかく捨てないでほしいということを、出来るだけ多くの方に伝えていく…これが必要なのではないかなと思います。ただ、実際には水損史料を誰が、どのように乾燥させるのかという点について、大いに悩みました。

　但馬からレスキューした水損史料については、当初神戸大学まで搬送して、11月から12月にかけて約20日間でのべ200名ぐらいのボランティアによる乾燥作業を行いました。この作業には神戸大学や京都造形芸術大学や大阪大学などの学生・院生や市民を中心としたボランティアの方々がたくさん参加してくれました。そのボランティアの指揮統一や、乾燥作業の現場監督役のボランティアリーダーを、史料ネット事務局員で神戸大学大学院生の河野未央さんがつとめてくれました。具体的には程度の軽い水損史料であれば、【参考資料6】のように、料紙の間にキッチンペーパーを挟み込みながら吸水作業をやっていきました。水損史料の修復については、史料ネットメンバーはまったくの素人ですので、尾立さんなどの修復の専門家の指導を受けながら行いました。しかし、汚水に浸かっているものについては、やはりいたみが激しく、カビや腐敗臭がどんどんひどくなるという問題が出てまいりましたので、キッチンペーパーによる手作業の乾燥作業については途中であきらめて、これ以上のカビの発生を防ぐために、日高町T家文書と出石町H区有文書については一旦冷凍保管することに決めました。

　ころが大学には段ボール箱にして40箱を超えるような多量の水損史料を保管できるような大きな冷凍庫などはありませんでしたので、私はどうしたらいいのか悩みました。その際に、「冷凍会社にお願いしたらどうか？」といつも被災史料調査を手伝ってくれていた神戸大学文学部地域連携センター研究員の木村修二さんから提案があったので、すがるような思いで神戸市内の冷凍保管倉庫会社に

片っ端から電話をかけました。結局、年末のお歳暮シーズンと重なり余分な保管スペースがないと断られるか、一見さんお断りの会社が多かったため、神戸市内の会社に何軒かお願いしたのですが駄目でした。そこで辿り着いたのが西宮冷蔵さん。あそこの社長さんが「そういう事情なら何とかしてやろう」ということで無料で冷凍保管してくださいました。本来ならばパレット1つ分を1ヶ月保管してもらうのに14,000円かかるそうです。【参考資料7】をごらんいただきたいのですが、大体1つのパレットに4,5箱ぐらい入ります。結局7パレットを3ヶ月預かっていただきましたから、通常だと14,000×3×7＝294,000円かかるところだったんですね。もしその額を払っていたとしたら、史料ネットはそれ以降活動が出来なかったと思います。西宮冷蔵さんのおかげで何とか冷凍保存が出来、またカビの増加もくい止めることが出来ました。

　この時に改めて民間企業の冷凍保管倉庫を確保するのは非常に難しいなあと感じました。大きな真空凍結乾燥機が手元にあって、そこにいきなり搬入できれば一番よかったのですが、実はこの時にまだ真空凍結乾燥機を借りる段取りになっていませんでした。レスキュー活動と同時並行で兵庫県教育委員会に真空凍結乾燥機の斡旋を依頼しました。県教委は私たちの要望を聞き入れてくださり、県の埋蔵文化財調査事務所にある真空凍結乾燥機で、サンプル用に和紙で作った冊子を泥水につけて乾燥させる実験を行ってくれました。ただ、県の機械は大量の水損史料を乾燥させるような大きなものではなかったので、実験で得られた温度・圧力・重量変化のデータを提供するかたちで、他の機関にも乾燥依頼を行ってくれました。その結果、神戸市埋蔵文化財センターでも乾燥作業を引き受けてくださいました。しかし、そこも小さな機械だったんです。結局は、兵庫県教育委員会が滋賀県教育委員会に依頼を行い、安土城考古博物館の大型真空凍結乾燥機による乾燥が実現いたしました。3月末に搬入し、同館から搬出したのは6月でした。具体的な作業手順は【参考資料8】に掲載しています。真空凍結乾燥機は、水が4mmHg以下の圧力では固体（氷）か気体（水蒸気）でしか存在すること

ができない、つまり水の状態を通過することなく、一気に固体から気体へと昇華するという水の性質を利用した乾燥法です。紙の強度は真空凍結乾燥後に弱くなるという研究結果もありますが、紙のゆがみも少なくかつページ同士の固着を防ぎながら大量の水損史料を早く乾燥させるには、この真空凍結乾燥法が最も現実的かつ効率的な乾燥法だと思います。実際の仕上がりをみると、確かにゆがみも少なく、カビもそれほど増殖することなくきれいに乾燥していました。ただ、分厚い冊子の中のほうではまだ乾ききっていない箇所もありましたが、ほとんどがきれいに乾燥していました。ただ、残念なのは泥水に浸かったためか、ページ同士が固着していたのと、腐敗臭までは完全に除去できていませんでした。今後は、固着展開作業とともにクリーニングをしながら匂い物質のもととなるものを除去する作業が残されています。とはいえ、様々な機関や人々の協力を得て、ここまで乾燥することができました。関係各位に改めてお礼申し上げたいと思います。

　これまで様々な方々と連携することで多くの水損史料をレスキューすることができたという点は成果として評価できるかと思うのですが、一方で風水害から歴史資料を守る際にいくつかの課題が浮き彫りになったと思います。以下では簡単にその点を指摘したいと思います。まず第一に、人的・物的・金銭的負担の大きさをいかに減らすかという点があります。一番の悩みどころが人の管理ですね。事前調査する係、被災地で調査する係、修復を行う係などいくつかのパートに別れて作業できればよかったのですが、実際のところ同じ人に負担が集中することが多かったと思います。また、ボランティアを組織するリーダーの存在も不可欠となってきます。つまり継続的に作業の進行を確認することのできる人がどれだけいるのかという点が重要となってきます。物的負担については、兵庫県立美術博物館などから噴霧器や薄様紙などの提供をうけるなど、様々な機関から協力していただきました。しかし、史料ネット事務局が直接災害対応にあたったため、金銭的負担もかなりかかりました。実際、被災地までの交通費やボランティア保険や水損史料の修復消耗品などを含めて100万円以上かかっています。それを

すべて史料ネットの災害対応基金だけでまかなおうとすると破綻してしまいますので、神戸大学や神戸市からの援助を受けながら進めてきました。また、手作業のみの乾燥作業も限界があるかと思います。腐敗臭やカビなどの影響を考えますと、手袋やマスクの着用、換気・手洗い・うがいの徹底など衛生面でも十分注意した上で行わなければ危険でしょう。やはり、風水害による被災史料保全活動をマンパワーのみに依存するボランティアベースだけで行うのは、現実問題としてかなり無理がありました。今後は都道府県レベルで、大型の真空凍結乾燥機を保有するか、それが無理ならせめて大型の冷凍庫を設置するなどの保存修復体制を構築していただければありがたいと思いますし、私たちもこの点を全国に呼びかけていきたいと考えています。

　そろそろ時間も無くなってきましたので、「3．おわりに」をさっと読んで報告も終わりにしたいと思います。福井史料ネットワークは今後どのように活動を展開していくのかという話にも関係してくるかと思いますが、被災史料調査・保全・修復体制の構築に向けて私は以下の四点を指摘したいと思います。一つ目は、「(1) 地元でのネットワーク作り」です。地元での色々な方との繋がり、ネットワークを作っていくというのが大事なんだなと改めて思いました。具体的には、郷土史団体、古文書を読む会、歴史サークル、ボランティア組織など様々な住民組織とのつながりをいかに作るか、また教委、自治体史編纂室、史資料館、文書館、図書館、博物館など行政の文化財担当職員同士とのつながりをいかに作るか、地元の大学といかにつながるか、また歴史学だけではなく、文化財保存修復機関や保存科学系の大学研究室・博物館・美術館といかに連携するか、また真空凍結乾燥のノウハウをもっている埋蔵文化財処理施設といかに連携するかという点が大切です。そして、今後も史料ネットは、それらのネットワークの要としての役割を果たしていきたいと思います。単純なことなのですが、普段からお互い顔見知りであるというだけで、いざという時の連携がスムーズに進むということがあります。また、激甚災害の場合や、郡部での災害の場合、隣県も含めた広域な協

力体制が必要となってくるでしょう。考古学の場合はしっかり協力関係があるんですよね。近畿の2府4県では協力体制が普段から構築されていたので今回の滋賀県での真空凍結乾燥が実現したんです。その点では歴史学を中心としたネットワークの動きはまだまだ弱いような気がします。そういう意味でもネットワーク作りにおいて地元の方の協力があるかないかという点は、本当に大きな問題だと思います。

　次は災害時だけではなく、日ごろからも史料所蔵者とかかわりをもつという意味での「フットワーク」の軽さを重視したいと思います。やはり、史料所蔵者への日常的なケアの有無が被災時の対応に大きく影響するのではないでしょうか。その意味でも、特に自治体史編纂の際には可能な限り悉皆調査を行ってほしいと思います。その際の目録が、被災時の史料調査時の台帳となります。阪神・淡路大震災の時にはこれが整備されていなかったために、初動が遅れたということがありました。また、所蔵者の史料管理状況を確認したり、虫干しなどの日常の保管法や、水損時の乾燥法をアドバイスしうるような体制づくりが必要かと思います。日ごろから水損や汚損しても史料を廃棄しないよう呼びかけることが本来的には求められるのではないでしょうか。さらには、これら直接的な災害による史料の滅失とともに、所蔵者が代替する時や蔵の建替時、また自治体の合併時などの際の廃棄にも注意が必要です。そして、不幸にも風水害に遭った場合には、被災情報を待つだけではなくより積極的な被災史料調査をお願いしたいと思います。そのためにも、地域防災計画内に文化財保全の項目を盛り込むことで、被災文化財の保全活動を復興業務の一環へ組み込んでいただければと思います。また、指定文化財だけではなく未指定も視野に入れた保全体制作りもお願いしたいと思います。史料ネット代表の奥村弘氏が委員となっております内閣府の「災害から文化遺産と地域をまもる検討委員会」の答申では、対象とする「文化遺産」中に、未指定文化財でも地域の核となっているものや個人が所有している歴史的な資料についても含めるとすることをはじめて明確に打ち出した点できわめて重要なも

のです。これら地域防災計画や内閣府の委員会答申を理論的な根拠としつつ、史料目録の整備と更新や、区長連絡会など災害時に連絡できる体制の確保、記者発表・広報紙・地元CATV・区長宛回覧などでの広報などにより、未指定文化財も含めた日ごろからの防災体制の構築と防災意識の喚起をお願いしたいと思います。

　繰り返しになりますが、水害の場合、とくにあきらめずに調査をしていただきたいと思います。といいますのも、母屋の掃除を優先しますので、蔵の掃除はだいたい一番後回しになっております。つまり、史料が水損・汚損したままで残っているケースが多いと考えられます。

　いずれにしましても、被災史料調査を行うためには地元の自治体の協力が必要となってきます。ただ、残念なことにいくつかの機関とは連携して被災史料調査を行うことができませんでした。その際にでてきた三つの「大丈夫」論、①旧家は高い立地にあるので「大丈夫」、②被災の連絡がないので「大丈夫」、③コピーがあるから「大丈夫」を崩すのに、私たちは苦労しました。①については、被災の現場を確認することなく判断するのは危険であるからです。高い立地でも土砂崩れや鉄砲水による浸水被害がありました。②については、所蔵者は水損しても連絡しないし、窓口を知らないし、知っていても連絡する暇も精神的余裕もないことに留意すべきです。③については、原史料の保存こそが大切であるにもかかわらず、コピーがあったり、刊行物ができあがるとつい原史料の扱いがおろそかになることがあるようです。この三つの「大丈夫」論にまどわされることなく、被災史料調査を行ってくれるようお願いをしています。

　ただ、激甚災害が発生した場合は、自治体の職員はまず人命救助やライフライン復興業務に携わる必要がありますし、また自治体合併の影響などで文化財担当職員自体が少なくなり、文化財関連の予算も減少の一途をたどっている現状において、以上のような点を完全にクリアするためには、多くの困難や障壁があるかと思います。これらの点は地元住民や大学、NGOやNPOなどとうまく連携す

る中で、それらの壁をなんとか乗り越える方策をお互いに知恵を出し合って今後も考えていきたいと思います。

　また、先ほど現場を見ないで被災がないと判断してはいけないという話をさせていただきましたが、その点と関わって「(3) 被災地を知る」ことの重要性についても触れておきたいと思います。台風23号でも豊岡市の円山川堤防決壊や、舞鶴市志高でのバス水没事故ばかりが報道されていましたが、現場に行ってみますとマスコミ報道されていないところでも被害の大きいところがいくつもありました。逆に言えば、マスコミが入ることができないほど被害のひどい場所があるかもしれないのですよね。それだけに現場をみてほしいと思っています。また、これは史料ネットの次世代への継承という点と関わりますが、やはり私たちのような30代半ばの世代が中心となってやっている活動を若い人たちにも見てもらって、ノウハウを伝えていきたいと考えています。

　先程の長野さんの話にもありましたが、史料を守ることができなくなっている社会というのは、地域社会の力そのものも無くなっていくということにつながるのだと思います。最後に「(4) 災害の記憶と記録」とありますように、水害の記憶や記録を残し、伝えていくことのできる社会とはどういう社会なのかということを考えてみたいと思います。興味深かったのが、円山川流域の但馬地方の年配の方は、だいたい「伊勢湾台風の時よりも水位が高かった」とおっしゃいました。それに対して、由良川流域の丹後地方の年配の方は、「二十八水（にじゅうはっすい昭和28年台風13号）よりも水位が低かった」とおっしゃいました。今回の水害の記憶は、次世代にどのように受け継がれていくのでしょうか。また記憶とともに、今回の水害の記録はどのように残されていくのでしょうか。私たち史料ネット活動は過去の歴史資料の保全活動が中心であるかのように思われることが多いのですが、現在の災害について記録史料の保存も重要なことになってきます。極端な例でいえば避難所に貼ってあったチラシなども含めて「大変かとは思いますが、できるだけ残しておいて下さいね」とお願いしています。そういう事

で今回の水害自体もしっかり記録としていきたいなという風に思いました。長くなりましたが、以上で私の報告を終わります。ご清聴ありがとうございました。

【松下報告レジュメ（抄録）】
2004年台風23号による水損歴史資料の保全・修復活動について
　　　　　　歴史資料ネットワーク事務局長　松下正和（神戸大学文学部助手）

0．はじめに
- 歴史資料ネットワーク（略称史料ネット）とは？
- 史料ネットの過去の災害対応
  …1995阪神淡路大震災、2000鳥取県西部地震、2001安芸灘芸予地震、2003宮城県北部連続地震、2004福井水害・連続台風　→2004年より水害にも対応
- 台風23号による被害
  …兵庫県・京都府を中心に、死者95名、全半壊8,657棟、床上床下浸水55,558棟の人的・住宅被害あり（2/25現在の内閣府発表情報）

1．被災史料調査（パトロール活動）とレスキュー活動について
（1）史料ネットの活動の流れ
①自治体・マスコミ・ボラセンへの呼び掛けFAX　→【参考資料1】
②兵庫県・京都府への協力要請
- 兵庫県教育委員会文化財室による「水損被害を受けた史料等紙製文化財の救出について」通達／県政資料館による「県内史料所蔵者情報」の提供
- 京都府教育庁、京都府立総合資料館、丹後郷土資料館による史料所蔵者に関する情報や被災情報の提供、調査の同行
③郷土史研究団体への協力要請（＝被災調査への同行依頼）
- 但馬史研究会、舞鶴地方史研究会、京丹後市ふるさと歴史研究会、福知山史談会など
④被災状況の確認作業
- 災害救助法適用自治体のチェック　cf.地震＝震度5以上
- 浸水域の確認（国交省防災情報、自治体HPなど）
- 所蔵者情報（←文化財担当職員・自治体史・辞典類からの情報）の確認
- これらを地図へ書き込み、浸水域に該当する地区・所蔵者宅を中心に巡回
⑤被災市町への連絡・訪問（協議会の開催）　→【参考資料3】
- 被災自治体の文化財担当職員、地元の郷土史研究団体、大学などに呼びかけて集まってもらう
- 教育委員会・自治体史編纂室・資史料館・博物館・図書館などから被災状況の聞き取り調査
- 史料所蔵者（旧家・区長など）のデータ提供依頼
- 文化財審議委員・区長・史料所蔵者への連絡依頼
- 被災調査への同行依頼
⑥被災史料所蔵者宅への訪問

- 浸水域に所在する史料所蔵者宅を訪問して史料の有無・安否確認
- 趣旨説明の後チラシを配布
- 水損史料・汚損史料を廃棄しないよう呼びかけ →【参考資料２】

⑦水損・汚損史料への対応、レスキュー活動
- 被害の程度が軽微な場合は応急処置の指導
- 程度がひどく処置に困っている場合はレスキュー
  …レスキューの際には預かり証をとりかわす
  …防カビのために史料にエタノール噴霧後、史料をビニール袋に密封して詰め、段ボールに収納、大学へ搬送
  （被災現場で処置可能な場合は、大学まで搬送しないケースもあり…舞鶴Ｍ区有文書、久美浜Ｈ家ふすまなど）

⑧水損史料の吸水・乾燥作業
- 水損の程度が軽微なものは、キッチンペーパーによる吸水
- 水損・汚損の程度が激しいものは、即冷凍し、真空凍結乾燥機へ
- 固着した料紙があれば展開する。クリーニング後文書箱に保存

⑨史料の返却
- 所蔵者の生活が落ち着いた段階をみはからって返却
- 所蔵者による保管が困難な場合は、寄託・寄贈先を斡旋

⑩レスキュー史料の活用
- 復興時における、歴史と文化を活かしたまちづくりへ
- 史料を活用した新たな地域像の提示、住民への還元。→歴史資料保存に対する、地域住民の理解へ

（２）保全活動の成果
①７件のレスキューと修復（1000点以上）
→日高町岩中Ｍ家：20点ほどの水損近代史料。11/1 レスキュー。11/2 京都造形芸術大学に搬入。同大学尾立和則氏により乾燥済
→日高町浅倉Ｔ家：大量の汚損近世・近代史料。11/7 レスキュー。一部はキッチンペーパーによる吸水済（11/23）。段ボール20箱分以上を㈱西宮冷蔵に搬入（12/7）、真空凍結乾燥（3/24開始、6/2搬出）。
→出石町Ｈ区有文書：大量の汚損区有・自治会文書。11/19 レスキュー。12/5 予備冷凍作業終了。段ボール20箱分以上を㈱西宮冷蔵に搬入（12/7）、真空凍結乾燥（3/24開始、6/2搬出）。
→舞鶴市Ｍ区有文書：大量の汚損区有・自治会文書。12/22 水損発見。吸水・乾燥作業（2/10開始）
→舞鶴市上東Ｍ家：水損した区有文書が４点。2/20 レスキュー。神大に搬入、固着展開済み
→舞鶴市志高Ｎ家：水損し固着した刊本が３点。4/6 現地で固着展開。返却済み
→京丹後市久美浜町Ｉ家：水損したふすまが50枚以上。1/31 発見。2/9 レスキ

ュー。京丹後市ふるさと歴史研究会富澤孝雄氏がカビ取りとふすま下ばりは
　　　がし作業に協力
　②住民の満足度　→家の歴史・集落の歴史の保全が、復興時の心の支えに
　・「台風直後は家の中もめちゃくちゃで古文書どころではなかったが、傷んだ
　　史料を修復するのも大変な作業と思う。歴史研究に役立てばうれしい」（日高
　　町浅倉Tさん、2004年11月28日付け産経新聞）
　・「おかげさまで文書はよみがえりそうだ。今後も集落の歴史を目に見える形
　　で伝えたい」（舞鶴市三日市Sさん、2005年2月18日付け朝日新聞）
　・「区に代々伝わってきた文書を水につけてしまい申し訳ない気持ちだった。
　　修復してもらえ本当にありがたい」（同上、2005年2月18日付け京都新聞）
（3）保全活動の成功の条件
　①所蔵者の意識の高さ：自力での陰干し・乾燥、2階への避難、高い立地などに
　　より保全
　②被災史料調査は地元の協力なくして不可能
　・自治体の協力　→信用面で大きい
　　　…情報提供（被害状況、自治体史編纂時の史料所蔵者などの情報）、調査への
　　　　同行、史料所蔵者・文化財調査委員・区長への連絡、自治体史編纂室や自
　　　　治体の広報紙・HP・区長回覧・CATVなどでの告知
　・郷土史団体の協力　→被災者に安心感を与える、地元の歴史に精通
　　　…情報提供、調査への同行、レスキュー・修復活動への参加
　③被災地入りをいかに早くすすめるか＝早急な現地組織の立ち上げの必要性
　　（∵「未指定」、「水損・汚損した」、「水損はなかったがこの際に処分しようと
　　…」などの理由で多くの廃棄事例）
　・ゴミ出しの際の廃棄に注意
　　…避難勧告の解除をきっかけに帰宅しゴミ出し
　　…災害ボランティアによるゴミ出し　→誤って廃棄される可能性
　　（∵ボラセン・社会福祉協議会に呼びかけFAX）
　　…ゴミ出しの無料化　→廃棄の対象となりやすい水損汚損史料、「この際に…」
　・災害救助法の適用　→家屋・蔵の公費解体にともない資料が廃棄されやすい
　・早急な修復措置が必要な水損汚損史料（カビの発生や水損汚損によりゴミと
　　して廃棄されやすい）　　　cf.地震での被災史料
　・「史料どころではない」とおっしゃっていたお宅（日高町T家）から5日後
　　にレスキュー依頼の電話があり！→相談先がわかっていれば連絡は来る！
　・しかし、早すぎると叱られ、遅すぎると廃棄される。被災地入りはいつもぎ
　　りぎりの選択　（ライフラインの復旧やゴミ出しの開始が一つの目安に）

2．吸水・乾燥・修復作業について
　水損史料独自の問題…処置の緊急性（カビ、腐敗臭、虫の発生などによる史料崩

壊）　cf.地震被災史料
（1）乾燥作業ボランティアの確保
- 史料ネットの「ボランティア登録制度」の活用
- 11/8～12/27計20日間でのべ約200名のボランティアによる乾燥作業と冷凍前処理（但馬分のみ）

（2）関係諸団体からの協力　→ノウハウ・物品・マンパワーの提供
- 京都造形芸術大学／史料ネット構成歴史学会／文化財修復関係団体（ＪＣＰ・文化財保存修復学会など）／県内公機関

（3）被災程度の軽微なものはキッチンペーパーによる吸水作業／激しいものは防カビのため即冷凍保管
- 乾燥済の史料は京都造形芸術大学（日高町M家）・神戸大文学部（日高町T家・出石町H区有文書）にて保管　cf.天日干しにより泥がこびりついた文書（出石町H区有文書）や、ゆがみが生じた文書（舞鶴市K区有文書）も神大で保管中

（4）冷凍保管倉庫の確保　→㈱西宮冷蔵による冷凍保管スペースの無償提供
- 日高町23箱・出石町19箱分の段ボール箱（7パレット）

（5）真空凍結乾燥機による処置（修復機関・乾燥機関の確保）
- 兵庫県教育委員会文化財室・埋蔵文化財調査事務所の協力（水損サンプルによる乾燥実験データ収集、乾燥先の斡旋、冷凍保管している水損史料の乾燥）・滋賀県立安土城考古博物館、兵庫県埋蔵文化財調査事務所、神戸市埋蔵文化財センターの協力

（6）臭いの除去と固着展開

※人的・物的・金銭的負担の大きさをいかに減らすか？
…カビや腐敗臭の発生→衛生面への配慮が必要（防塵マスク・ゴーグル・白衣・手袋の着用、換気システム）
…手作業での乾燥→時間がかかりそのうちに史料が劣化（カビの発生など二次的被害の進行）
　多数の作業員と多数の作業員を指示できる監督者（ボランティアリーダー）が複数必要
　　↓
　ボランティア（人手）、募金だけで修復をまかなうことの限界
※冷凍保管会社の協力が必要
※各都道府県レベルで処理できるような乾燥・修復体制
…大型真空凍結乾燥機を所有する機関との連携
※どこまで修復すればよいのか？

3．おわりに　被災史料調査・保全・修復体制の構築に向けて
　　　　　　　　　　　　　～「いつだって次の災害の前」

（１）地元でのネットワーク作り
- 住民組織とのつながり　郷土史団体／古文書を読む会／歴史サークル／ボランティア組織などの活用・協力要請
- 行政の文化財担当職員同士とのつながり（教委・自治体史編纂室・史資料館・文書館・図書館・博物館など）
- 地元大学とのつながり
- 文化財保存修復機関との連携　保存科学系の大学研究室・博物館・美術館との連絡／埋蔵文化財処理施設との連携
- ネットワークの要としての史料ネット

※単純だがお互い顔見知りであることが重要。郡部の場合、隣県も含めた協力体制が必要に

（２）フットワークの重要さ
　①史料所蔵者への日常的なケア
- 特に自治体史編纂の際に悉皆調査を（→被災史料調査時の調査台帳となる）
- 所蔵者の史料管理状況確認、日常の保管法・被災時の処置法の指導（虫干し／水損汚損しても廃棄しないよう呼びかけ）

※直接的な災害による消滅とともに、所蔵者代替時・蔵建替時・合併時・水損・汚損時などの際の二次的廃棄に注意！

　②より積極的な被災史料調査へ　被災情報を待つだけではなく…
- 地域防災計画内に文化財保全の項目を（→被災文化財保全活動を復興業務の一環へ）
- 指定文化財だけではなく未指定も視野に入れた保全体制作り

cf. 内閣府の「災害から文化遺産と地域をまもる検討委員会」答申（→史料ネット代表奥村弘氏が委員の一員）
　　→対象とする「文化遺産」中に、未指定文化財でも地域の核となっているものや個人が所有している歴史的な資料についても含めるとすることを明確に打ち出した点できわめて重要
- 史料目録の整備と更新（→編纂室のもつ情報の引き継ぎ、史料所蔵者の確認作業）
- 災害時に連絡できる体制の確保（→区長連絡会、社会福祉協議会など）
- マスコミ・広報の利用（→記者発表、広報紙、地元CATV、区長宛回覧などでの呼びかけを）
- とにかくあきらめずに調査を！（→蔵の掃除は一番後回し。水損・汚損したまま残っていることが多い）

※被災史料調査時の壁～三つの「大丈夫」論に注意
　①旧家は高い立地にあるので「大丈夫」
　　→確認なしでの判断は危険。高い立地でも土砂崩れや鉄砲水による浸水被害あり

②被災の連絡がないので「大丈夫」
　　→所蔵者は水損しても連絡しない！窓口を知らない！連絡する暇も精神的余裕もない！
　③コピーがあるから「大丈夫」
　　→原史料の保存こそ大切
（3）被災地を知る
・マスコミ報道だけではわからない、現場の様子
　→豊岡市の円山川堤防決壊や、舞鶴市志高のバス水没事故が報道。しかし、他にも被害があり！
・被災史料調査のノウハウの継承　→史料ネットの次世代教育
（4）災害の記憶と記録
　①過去の水害の記憶
　　（例）但馬（円山川流域）→「伊勢湾台風の時よりも水位が高かった」
　　　　　丹後（由良川流域）→「二十八水（昭和 28 年台風 13 号）よりも水位が低かった」
　②今回の水害自体の記録の必要性

【参考資料１】被災自治体宛の被災史料確認依頼ＦＡＸ
２００４年１０月２５日

台風第２３号被災地
文化財担当部局　御中

歴史資料ネットワーク
代表　奥村弘（神戸大学助教授）

台風第２３号被災地における被災古文書等歴史資料の現状確認・保全のお願い

　８月から１０月にかけて台風第１０、１５、１６、１８、２１号による被害が回復しないうちに、このたびの台風第２３号で再び被られた大きな被害と、今も続く不自由な生活に対して、謹んでお見舞い申し上げます。
　私たち、歴史資料ネットワーク（事務局・神戸大学文学部内）は、阪神・淡路大震災の被災地で、歴史資料をはじめとした文化遺産の救出・保全をおこなってきた歴史研究者を中心としたボランティア団体です。私たちは、1995 年 1 月の震災時に、全国の歴史学会など関係団体から支援をうけて、自治体や市民と協力しながら、地域社会の民間資料の救出や文化財の被害調査などをおこなってきました。また、鳥取県西部地震や芸予地震、昨年の宮城地震、７月の福井豪雨の際にも被災地における文化遺産の保全・再生に取り組んでまいりました。
　私たちがこの活動を始めたのは、博物館や図書館に収蔵されている史料や、国・自治体の指定文化財だけではなく、住民の生活空間の中にある歴史遺産が、地域史の復元にとって欠かせないという思いからでした。
　阪神・淡路大震災における歴史資料・文化財の保全復旧活動は、少なくない成果をあげました。被害調査で新たに発見された史料も少なくありません。また、当初心配されていた被災住民の反感もほとんどなく、むしろ好意的な反応がほとんどでした。
　しかし、その一方で、損壊建築物の解体の際に焼かれたり、道路復旧で撤去・破壊されたりした古文書や石造物なども多く、それまであった文化遺産の三分の二が、被災地域から消失してしまったという報告もあります。前例がなかったこともあり、活動の始動が地震発生から約１ヶ月後と、遅かったことが現在の反省点の一つとして挙げられています。
　その反省をふまえ、2000 年の鳥取県西部地震や 2001 年の芸予地震では、阪神・淡路大震災の経験を伝えるのみでなく、神戸市から被災地へ多くのボランティアを派遣し、地震直後から活動を開始しました。昨年 7 月に発生した宮城地震や 7 月の福井豪雨での被災地でも、現地で活動をすすめている歴史研究者や地元の市民の方々と連携し、支援のセンターとして全国からの募金のとりまとめやボランティア派遣の調整をおこないました。これらの活動を通じて、現地でいち早く、組織的な

保全活動についての体制がとれるかどうかが、その後の地域遺産保全をすすめる上で重要であることが明らかとなりました。
　今回の台風第23号の被災地も、歴史的環境の豊かな地域として知られています。収蔵施設に保管されているもの、文化財指定を受けているものの他にも、地域のあらゆる場所に、先人の営為を伝える歴史遺産、文化遺産が数多く存在するはずです。特に高齢者だけの家、空き家になっている家の場合、その可能性はより高くなります。「役に立つと知っていたら捨てなかったのに」と叱られたこともしばしばありました。地域の中の歴史遺産を災害による滅失から守るためには、専門家や行政・マスコミが早くから注意を喚起しなければならないというのが、阪神大震災の教訓の一つです。
　今回の大水害を乗り越えて古文書・写真・日記・さまざまな個人や団体の文書や記録、民具・石造物など地域遺産が保全されれば、被災地域の社会や文化の復興に大きな力となります。これらが、水害のせいで姿を消してしまわないよう、関係者の方々にはご配慮いただきたくお願いいたします。
　これまでの経験からすると、被害が小さくとも旧家の母屋や蔵のわずかな雨漏りなどが原因で撤去・建て替えがあり、その際存在を認識されていない近代や現代の史料、古文書などが頻繁に廃棄される可能性があります。今回は、特に土砂災害や河川の氾濫、崖崩れによる災害が発生しており、水や泥などにより歴史資料が濡れたり汚れたりして、一見すると廃棄処分せざるをえないかのないように見えるかもしれません。しかしながら、そのような史料であっても、冷凍庫に入れるなどのフリーズドライの処置によって保全することも十分可能です（詳細は、全史料協ホームページ「文書館防災対策の手引き」を参照。URL は、http://wwwsoc.nii.ac.jp/jsai2/iinkai/bosaitebiki.html)。
　つきましては、阪神・淡路大震災の教訓を活かし、災害から地域の歴史遺産を守るため、ライフラインの復旧に次いで、是非この問題にもご配慮いただき、地元での保全活動をすすめるよう、お願い申し上げます。また、被災者の方々に歴史資料・文化遺産に類するものの保管について困難が生じた場合は、当ネットワークや貴館・貴教育委員会などに連絡をとるよう、呼びかけて頂きたいと思います。私たちは、地震後の地域遺産の保全に携わってきたものとして、出来うる限りの支援・協力をしていくつもりです。
　なお、インターネット（下記アドレス）でも情報を掲載しておりますのでご参照ください。

歴史資料ネットワーク
担当　事務局長　松下正和（神戸大学文学部助手）
〒657-8501 神戸市灘区六甲台町 1-1 神戸大学文学部内
TEL&FAX 省略
URL：http://www.lit.kobe-u.ac.jp/~macchan/

【参考資料２】被災史料調査時に配布するビラ雛形（但馬版）
台風２３号被災地の歴史資料・文化財被害状況確認のお願い

　このたびの台風により被災された皆様に謹んでお見舞い申しあげます。
　私たち、歴史資料ネットワーク（事務局・神戸大学文学部内）は、1995年に発生した阪神・淡路大震災の被災地で、歴史資料をはじめとした文化遺産の救出・保全をおこなってきた、歴史研究者を中心としたボランティア団体です。私たちは、その際に、全国の歴史学会など関係団体から支援をうけて、自治体や市民と協力しながら、地域社会の民間資料の救出や文化財の被害調査などをおこなってきました。また、鳥取県西部地震や芸予地震・宮城地震や、夏の福井水害の際にも被災地における歴史資料の保全・再生に取り組んでまいりました。
　私たちがこのような活動を行ってきたのは、災害が起きるとそれを契機に家や蔵に古くから置かれていた歴史資料が破棄・処分されてしまうことがよくあるからです。これまでも、私たちが駆けつけた時にはすでに歴史資料が処分された後であったということが何度もありました。
　家々にはさまざまな形で家の記録や地域の歴史を伝えるものが数多く残されています。しかし、今回の水害により長く伝えられてきた古い文書や記録などがなくなってしまうとすれば、それは家にとっても地域にとっても残念なことといわざるをえません。
　そこで、歴史資料ネットワークは、兵庫県教育委員会文化財室や兵庫県公館（県政資料室）の協力を得て、台風２３号被災地における歴史資料の被災状況の確認調査を行っています。

　なお、文化財に指定されているような著名なものだけが歴史資料ではありません。昔の人の暮らしぶりなど、地域の歴史を知る手がかりとなるものすべてが歴史資料です。具体的には、以下のようなものがあります。
◎古文書（くずした文字で和紙に書いたものなど）
◎古い本（和紙に書かれて冊子にしてあるものなど）
◎明治・大正・昭和の古い本・ノート・記録（手紙や日記など）・新聞・写真・絵
◎古いふすまや屏風（古文書が下貼りに使われている場合がよくあります）
◎自治会などの団体の記録や資料
◎農具、機織りや養蚕の道具、古い着物など、物づくりや生活のための道具など

　これらのものは母屋や蔵、あるいはその中の箱やタンス、長持・行李などに収められています。一見すれば紙くずやゴミのようにみえるものでも、実際には貴重な歴史資料である場合がよくあります。また、水に濡れて廃棄処分の対象とみえる場合であっても、これらのものは捨てたり焼いたりせず大切に保管下さい。早急な処置によって、修復が可能な場合があります。

以下、ご家庭でも可能な応急処置・修復方法を記します。

◇◆やってはいけないこと◆◇
　冊子を無理にこじあけないでください
　天日やアイロンなどで急激に乾燥させないでください
　濡れた紙を放置しないでください
　とにかく捨てないでください！修復できるケースがあります。
◇◆応急措置の方法◆◇
　被災後48から72時間を目安に救助してください
　（夏場はカビが生えやすくなります）。
　電気や水道のライフラインの復旧状況が許す範囲内で、下記の対応をお願いいたします。

軽い水濡れの場合
　・冊子状の場合、ページがはがれるようなら、キッチンペーパーを挟んで吸水処理を行います（但し、無理にこじ開けないでください）
　・一紙ものの場合、キッチンペーパーで挟んで吸水処理を行います。
　・皺やカビに気をつけてください（防カビのため消毒用エチルアルコールを噴霧するとよいでしょう）
　・そのまま陰干しをしてください。

泥などで汚れている場合
　・コンテナなどにきれいな水をはり、史料を軽く洗浄します（泥を落とす際に、史料に力を加えたり、長時間水につけたりしないでください）
　・形を整えた後、そのままの状態でビニール袋に入れます。封はとくにせず、袋に資料名などを記入しておいてください。
　・防カビのため史料を冷凍凍結します（緊急措置としてご家庭の冷凍庫に保存しておいてください）
　※専門処理機関に真空凍結乾燥法や吸水乾燥法により乾燥させます。専門処理機関での処置については、下記史料ネットにお問い合わせください。乾燥作業が終了した後に、所蔵者にお返しいたします。

　地域の歩みを伝える貴重な歴史資料を守る活動に何卒ご理解をいただき、ご協力いただきますようお願い申し上げます。なお、ご所蔵の歴史資料の保管・整理などに困っておられる場合には、下記の所までご連絡下さい。

【連絡先（省略）】

【参考資料３】被災史料調査活動用マニュアル（丹後地区・水害用）

被災史料調査活動用マニュアル（丹後地区・水害用）

歴史資料ネットワーク　松下正和
2005年1月作成、6月改変

（１）事前準備
①「京都府域関係古文書所在情報の一整理　近世領主並びに近世村町別閲覧可能関連文書一覧　丹後編」（『京都府立総合資料館　資料館紀要』第28号、平成12年）、『京都府資料所在目録』（昭和41年）、被災自治体の自治体史資料編、地名辞典などを参考にして、旧家・公民館・漁協・農協などの史料所蔵者や調査対象箇所を選定する。悉皆調査目録があればそれを利用する。
②被災自治体の教育委員会文化財保護課や史資料館・博物館・図書館・自治体史編纂室などからあらかじめ被災状況や被災史料情報などを聞き取り調査しておく
③ゼンリン住宅地図、エアリアマップ、国土地理院発行地図などを用意する
④③の地図に浸水箇所をマーカーなどで塗っておく
⑤③の地図に①、②の情報を書き込む
※明治期の地図などを利用して旧村の中心部を把握しておくと良い
※各班に1枚ずつ必要なので複数用意することが望ましい
⑥配布ビラの用意
・「台風23号被災地の歴史資料・文化財被害状況確認のお願い」（３０枚以上、最新の史料ネット活動紹介の新聞記事添付も忘れずに）
・「ニュースレター」最新号
・史料ネットの案内パンフ
・「パトロール調査結果票」
⑦参加者の動員→確認（集合時間・場所など）
⑧お金（学生・院生には交通費・昼食代を支給）

（２）当日用意するもの
①筆記用具（鉛筆が望ましい）
②ボード
③パトロール調査結果票
④「台風23号被災地の歴史資料・文化財被害状況確認のお願い」チラシ
⑤地図
⑥ニュースレター最新号
⑦史料ネット案内文
⑧デジタルカメラ
⑨軍手・ビニール手袋・マスク・エプロン・作業着（カビの生えた資料を処置する

可能性があるため）
⑩長靴（足場の悪いところに入る可能性があるため）
⑪エタノール・霧吹き・40リットル用ビニール袋・段ボール箱・マジックペン・ガムテープ（水損資料を搬出するため）

（３）班分けについて
・４人１組が理想的（聞き取り係＋調査票筆記係＋地図持ち係＋撮影係）。多すぎると被災者感情を刺激する（あるいは恐怖心を与える）
・専攻する時代が同じ者はなるべく同じ班にならない
・初めて参加する者には、経験者に同行して調査の仕方を学んでもらう

（４）現地入りに際して
★史料ネットメンバー（被災地外のメンバー）だけでは現地入り・戸別訪問しない。必ず地元の方（自治体職員・郷土史研究団体など）に同行しもらう。
★万が一調査対象が決まっていない場合は、区民会館・町民センター・老人憩いの家・寺院住職・神社神主・古老などのお宅を訪問し、旧家などの情報を収集する。

（５）調査・聞き取りの際の注意点
★全く被害の及んでいない民家などは原則として調査は行わない。但し建物内部の状況まではわからないので場合によってはチラシなどを投函することもあり（各班の責任者が判断。その場合、必ず所在地・氏名をチェックする）
★見た目に被害が大きな家の場合→聞き取り調査を実施
・相手が被災者であることを忘れない！（お見舞いの言葉を述べる）
　「被災されて、お忙しいときに参りまして…」
　「大変な時に突然参りまして、申し訳ございません…」
・自分の立場と名前を告げる
　「○○大学の□□と申します」
・訪問の主旨を述べる
「台風23号で被災したこの地域の歴史資料や古い文化遺産の被害状況に関する調査を行っています」
「本日は、○○地域の古い歴史資料に関する聞き取り調査を行っていまして、○○さんのお宅についても…」
「風水害で水に濡れた史料をボランティアでレスキューしたり、修復したりするお手伝いをしております…」
「これまでも但馬地域で被災した史料の救出活動を行ってきました…」（新聞記事を見せる）
★歴史資料の有無について聞き取る
・チラシをみせながら説明する

↓史料をもっておられたら
★被害状況と処置方法について伺う
・「パトロール調査結果票」にしたがって伺う。
・記録への筆記は丁寧に（史料ネット保存用だけではなく、被災自治体へも提供することもあるため）
・本宅の被害だけではなく、蔵の被害についても伺う（床下浸水でも湿気に注意するよう喚起）
・被害がなければ、今後も大切に保管して頂くようお願い。今後万が一史料が濡れるようなことがあっても乾燥・修復が可能なので捨てないで欲しいこと、ご近所でお困りの方にはチラシに記載している連絡先まで連絡して欲しいこと、などをお願い。
・程度の軽い水損の場合、レスキューせずに乾燥法（キッチンペーパーで吸水、陰干し、虫干し、除湿器や湿気取りによる除湿など）や防カビ法（エタノール噴霧）をレクチャーする
            ↓万が一大量かつ被害の程度のはげしい水損史料がでた場合
★水損・汚損史料の処置
・所蔵者の了解が得られたら、所蔵者と「借用書」を交わし、救出作業に入る。
・泥はへらなどで落とすなどして、できるだけ水には濡らさない（腐敗が一層進行することもある）。
・水損・汚損史料をできるだけ小分けにしてビニール袋につめる。しかし、その際には無理に史料どうしを剥がさない。場合によってはくっついたままビニール袋に入れることもある。
・防カビのためにエタノールを噴霧しながらビニール袋詰めする。
・真空凍結乾燥をみこして、できるだけ同じ大きさ・厚さの史料をビニール袋づめする。
・ビニール袋には水損地点などの情報をマジックペンで書き込む。マジックがなければ紙に鉛筆で情報を書き込み、水損史料とともにビニール袋につめる。
・それらビニール袋詰めしたものを段ボールに入れる。段ボールにも情報を書き込んでおく。万が一段ボールを持って行ってなければ、宅急便に連絡してもってきてもらうか、近所のホームセンターなどで現地調達する。
・遠方の冷凍保管施設に直送する場合、史料はマイカーで搬出せず、なるべく宅急便を利用する。冷凍保管施設への直送が無理な場合は、史料ネット事務局や被災自治体などに搬送し、処置を行う。
・被災者宅の状況が許せば、できるかぎり現地で乾燥・修復作業を行う。

（6）緊急時の連絡
★史料ネット事務局に電話（０７８−８０３−５５６５）
★万が一事故にあった場合は警察にすぐ連絡する。レンタカーによる事故の場合は、

レンタカー会社にも連絡。後に史料ネット事務局に連絡。
★史料ネットの調査活動参加者にはボランティア保険をかけているので、事務局は灘区役所内の社会福祉協議会に連絡し、指示を仰ぐ。
★何もなくても、定期的に史料ネット事務局に連絡を入れるのが望ましい

（7）反省会
★当日中に簡単な反省会を開き、訪問戸数・調査結果などを集約（責任者が総括）
★全参加者が感想や問題点・課題などを出し合い、史料ネット事務局に連絡。今後の調査活動に反映させる
★立替費用はできるかぎり早急に精算する。災害時には会計も混乱するので、レシート・領収書の裏には立替を行った者の名前を必ず明記すること。

被災した資料の保全と保存処置

京都造形芸術大学教授
尾立　和則
（おりゅう　かずのり）
（現在、修復家として福岡に在住）

　皆さん、こんにちは。京都造形芸術大学の尾立です。座って報告させていただきます。

　人は、自分が体験したことしか分からないのではないでしょうか。正直言って、私が活動した1995年の阪神淡路大震災が災害規模からいって、私が経験した最大のものでした。もしそれ以上の規模の災害に直面した場合には、私の経験は機能しないと思います。ですから皆さんと同じ時代を生きているこの日本の中で、阪神淡路大震災以上の災害が起きても動じないでしっかりと我々を指導してくれる人がいてくれる事を望みます。しかしそんな人が現れてくれることをただ望んでいるだけではなく、自分達が今やらなければならないことを考えてみようというのが、今日のこのシンポジウムの目標の一つだと理解しています。

　こちらの関係者の本日の報告を聞いていましても、被害が余りなかったと言う事ですが、これ本当に幸いでした。災害の時に社会の話題になるバロメーターと言いましょうか、死亡者がいるかいないかということで大きく違ってきます。阪神淡路大震災はもちろん6,000人以上の方が亡くなられました。これはもう比較できない程、大きな事件です。その中で、今日のシンポジウムでもっとも中心的な存在である神戸資料ネットが誕生しました。歴史研究者は長い間学術的な活動はしてきたのですが、いわゆる資料ネットワークと言われるような組織が出来上がってきたのは、この1995年だったのは、皆さんもご存知のとおりです。実際活動での処理能力といいましょうか、あまり処理能力というのはよろしくないのですが、やはり神戸資料ネットというのは、私は一番頼りがいがあると思って

おります。私自身、1995年当時は国の文化財等救援委員の一員でした。何故一員であったかと言うと、国立文化財研究所の研究員だったからです。ただそれだけです。別に私が手を上げて、ボランティアで参加したわけではありません。しかしその時の経験が私の中での修復というものの考え方を変えてしまったわけです。文化財等救援委員会は1995年の5月に現地を撤退いたしました。もう現地からの問い合わせも無いという意味で、その後は神戸の資料ネットに引き継ぐというような形になりました。その後研究所を辞め、個人の修復家となりました。ただ単に修復するだけでなく、災害時でも十分に役に立てるような修復家になるべきだと私は思いました。

(以下、当日配布資料の活動実績に沿って話を進める)

　1998年には、死者も出たということで全国的にも話題になりました高知の大洪水の時は、個人として参加したのではなく全国美術館会議からの依頼があって被災した美術館に救援に行きました。修復の人間を現地に送り込みたいという事でしたので、引き受けて行きました。県立美術館の被災資料の被害状況を調査し、応急処置へのアドバイスをして現地を離れました。その後美術館は修理のための予算立てをし、被災地の救援の一環としてその趣旨に賛同した修復工房により修理が行われました。話題性もありましたので、通常の修理費よりは相当安い修理費で修理が行われました。2000年の鳥取の西部地震は、神戸資料ネットにとっても大きな転換期だったのですが、その時には山陰資料ネットというものが立ち上がりました。現在も神戸と同じく、その後の資料の返却等を含めて、活動を続けています。この時点では私は京都造形芸術大学の教員になっています。ですから、個人から組織の人間という形に私も変わっていきます。その中にはここにあげていますような歴史遺産研究センターというものを大学内部に作りました。修復技術の研究だけでなく、地域への貢献として、災害時の救済活動というものを大学としてもやるべきだという事で大学側に理解を頂きました。現在でも大学内

にこういう資料救済活動を視野においたセンターというものは全国どこにもありません。もちろん神戸大学の中にも地域資料を研究・調査をして、保全する目的としたセンターはありますが、災害を目的としたものは無いわけです。その後の芸予地震・宮城、先程報告のありました兵庫の台風による災害、次の香川県の台風・高潮被害、そして新潟と、すべて大学の研究センターとして支援をしています。支援の仕方というのは様々なものがありまして、電話等での情報提供、実際現地へ行っての指導というものです。遠い所になりますと移動費だけで5、6万円必要になりますので、その同じ金額で何か資材を買って現地に送るという支援の仕方を私なりにやっています。

　何故こういう実績を並べたかというと、公務員だから出来た事、個人の修復家だから出来た事、大学という組織の中の人間として出来た事、そして出来なかった事がわかり易いと思ったからです。今となっては、異なった立場での経験により多くのことを学ぶことができたように思います。

　実際の救援活動の中で、こういう事を言うのは残念なのですが、私はいつも1,000分の1という数字を使って救援活動の現状を知ってもらうようにしています。鳥取でも私たちなりに随分の量を救済しました。延べ人数や日数にしますと相当なものになりました。救済したものも今3ヶ所で保管しています。点数にすれば2,000点以上あります。しかし、本当に救済すべき資料は、その1,000倍はあったと考えています。1点救出したら、残念ながら999点はその為に救出出来なかったのではないかという思いを持っています。ですから、救ったことや修復することは、現地の人が喜んでくれて当然だろう、というような思いはもってはいないのです。特に自分の地域ではない他の地域へ行って救援活動する時は、必ずそういう事を学生たちに伝えております。

　今日のシンポジウムはこの後パネルディスカッションという形で、これまでの反省だけでなく、これからどうして行くのかというような活動の方針を話し合って行きます。今回は自分の地域は被害が無かったが次回は大変な被害をこうむる

かもしれない、ひょっとすると皆さんは全く動けないかもしれない、福井の史料ネットは機能しないかもしれない、そうなると神戸と山陰と愛媛と宮城、それから新潟がここへ来て皆さんの代わりに活動するという事もありえるかも知れない、といったことも是非今後の行動の計画の中に入れて頂きたいと思います。私が災害発生後の1週間もしくは10日ぐらいの間に現地に行くようにしているかというと、実はそういう事があるのです。今私が住んでいる京都に大きな被害が起こったら、その時はぜひ皆さんに来ていただいて助けて頂きたいのです。来て頂いた時に、効果的に救済活動がしてもらえるような情報収集というものをいかに地元が出来るかということが大切だと思います。しかし地元のことは地元に任せろ、という現地組織のあり方は間違っているのではないかと私は思います。それは自分や仲間も大丈夫、お金もある、そんな状態の時にする事であって、それが1つでも欠けたら効果的な活動は出来ないわけですから、それも考えていただきたいと思います。このことはレジュメの前半部分に盛り込んであるのですけれど、これが今日私が皆さんに伝えなければいけないと思うことです。

　修復家としての私は、自分の専門領域が一体どのように皆さんに役立っているのだろうかという事を考えています。先程の松下さんの報告の中であったように、泥だらけになったものがもう一度閲覧出来るようになるのか、資料として使えるようになるのか、もしくは研究の対象として使えるのか、という疑問や要求に応えられているのかということを考えます。しかし、修復といっても、もちろん、ピンからキリまであります。大量にある被災資料に、1冊当たり5万円かけて修復が出来るでしょうか？まず無理だと思います。今5万円というのは、通常の平常時の修復の最低の修理費です。緊急時に大量に出てきた、修復処置を必要とする資料には、今一般的に行なわれている修復技術や修復活動というものはそのままでは応用できないという事なのです。では、大量に被災したものを保存していくための処置をどうしたらいいか、それは全く別の新しい方法を考えなければいけないということです。私は大量のものへの保存処置法を研究しています。保

存に適し、尚且つ安価な材料はメーカーの人たちに相談する。そして、先程も紹介しました真空凍結乾燥のような、いわゆる機材や設備が必要な場合はその能力をよく知る、そういったこともしていかなければいけないと思います。本日の会場である当大学には多仁さんがおられますから、文書というものをよく知って、紙という素材をよく知って、それでいて大量に修復するにはどうしていいかという事を実際に取り組んでおられます。福井史料ネットとしては心強いと思います。

お手元の配布資料の最後には、お金が必要という話になっています。人を集めて活動をするにもお金がいりますし、作業するための材料を確保するにもお金がいりますし、記録を残すにもお金がいります。先程の泥だらけになって、腐りかけている資料を冷凍庫に入れるのにお金がいります。通常の料金で冷凍庫に入れていたら大変な金額になります。そして真空凍結乾風するにも200ml約のべ3ヶ月間かけて乾燥しているので、大変な金額になります。実際どんなに安く見積もっても2週間でそれを仕上げたとしても、民間の真空冷凍の会社に委託すると200万円ほどかかります。それを無料でやってくれたものですから、これを考えると本当に大量にあるものを予算化して修復出来るのだろうかと思いますね。ですから、福井の皆さんもそういった協力体制というものを、今から用意しておくことが必要かと思います。人間の要請とかはその時になってみないと分からないかも知れません。しかし、いわゆる機材とか、資材だとか、保管する場所だとかそういう事はある程度予測はできますので幾つかの方法を持っておく。1つだけだとそこが地震でつぶれた、水で浸水したらダメですから、いくつか持っておくというのも大事ですね。

私がここで話しをしている目的の一つには、その保存に対する処置への費用をどこから集めてくるのかということがあります。修復や保存処置にかかる費用を考えておかなければならないのは、一番目は行政でしょうか、そして地元の救援組織や資料ネット、そして活動する自分たち自身。外部の資料ネットや歴史資料を保存するために協力してくれる団体、全国の大学などにも協力を要請する。民

間の財団の助成費には被災したものへの修復費なんていうような項目が当たり前のようにありますので、それを獲得して下さい。そして一番地道な方法ですけども、一般市民からの寄付も考えるべきです。どの位集まるかはわかりませんが、言ってみれば、これが一番いいのではないかと思っています。どこの誰かは分からない人から突然お金が振り込まれる場合よりも、地元市民から協力をもらうことは、活動している者への励みになるのかなと思います。

　そして、今日、私はもう一つの顔として、私の属するNPO文化財保存支援機構（JCP）の運営委員としてお話をさせて頂きます。災害の救援を組織の活動の一部にしている組織からの援助、資金というものを獲得して、保全やどうしても修復が必要なものに当てるということをぜひ考えておいて欲しいと思います。香川県の観音寺市という、瀬戸内海に面した地域があるのですが、そこの資料館が高潮で完全に浸かりました。資料館だから文書だけでなく色んな埋蔵文化財の工芸品も収蔵してあったのです。私は現地へ行って、海水に浸かった文書の洗浄作業をこのJCPが現地の大人数のボランティアと一緒に、毎月一回行っています。因みに、会場にもおられます元興寺文化財研究所も考古品の洗浄処置に協力したと聞いています。被災資料というのは必ず専門的な技術でもって処置をしなければいけないのです。しかし、私は一般市民の手で行うことも考えるべきだと思います。私は現地で作業する時はそう信じて行っています。ですから、大学や国立の文化財研究所といって専門機関でもなくて、現地でどれくらい人が集められるか、といったことを課題にしています。完全に生活が復旧していない被災地ではそういう事も出来ませんが、出来るだけ現地で資料救済の活動を支援を組織化することを考えています。

　今日ここへきて、皆さんにお伝えしたかった事はこのような事なのですが、この後のパネルディスカッションの中ではひょっとするともう少し突っ込んだ修復に対する考え方だとかもう少し具体的な事について詳しく教えてほしいという質問もあるかも知れません。生々しい話は大好きですので、一体誰がどこでどうい

う風な事をしているとかいうような事もいくらでもお話できますので、そういうような話の展開になっても構いません。少し言い残した事もありますが、この後のパネルディスカッションの中で言えたらと思います。以上です。

54

パネルディスカッションの記録

パネリスト
松浦　義則
尾立　和則
松下　正和
長野　栄俊

司　会
澤（さわ）　博勝（ひろかつ）

司会　ではパネルディスカッションを始めたいと思います。報告者並びにパネラーの方は前の名前の所にお座りください。時間がもったいないので、特に司会から内容を繰り返すことはしません。ただ参加されている方に、史料ネットで活動したメンバーもたくさんいらっしゃいますので、今後に向けて考えておかなければならない事、色々ご意見を貰えたらと思います。

　今回の討論は、特に去年の福井足羽川水系の水害を振り返る。災害そのもの、あるいは史料救済活動を振り返る事で問題点を抽出する事が1点ですね。もう1つは、今回はたまたま史料の被災は少なかったけども、今後に向けてどういう取り組みをしていくべきか、或いは松下さんの話で「ここはどうだ」、「あそこはどうだ」ではなくて、結局は面的にやっていかなければならないという事になりましたので、皆で議論していく形が良いかなと思います。という事で、まず前半の福井史料ネットの活動と松下さんに話していただいた神戸の史料ネットの活動に関して、フロアで何か質問意見等ございましたらよろしくお願いします。松浦さん、長野さん、特に松下さんの報告を聞かれて、何かお考になられた事があったら、お話いただければと思うのですがいかがでしょうか？

松浦　質問ですけれども、資料の救出というのはちょっと前後がよく分からない

のですが、被災後いつ頃から始めるんでしょうか？

松下 タイミングでいつも悩みます。私のレジュメ５ページ目の表①活動表にもありますが、水害が起きたのは10月21〜22日でしたが、現地入りした24日には被災された史料所蔵者にアクセスできませんでした。まずは豊岡市の郷土資料室で被災状況を聞いていました。実際のレスキューはライフラインが復旧して以降になります。被災地での被災資料の調査はちょうど１週間後の28日からスタートいたしました。

松浦 これらの救出活動の期限は無いと考えてよろしいのでしょうか？

松下 期限はありません。一度手つけてしまいますと、一生関わりをもつことになります。その後の史料保管の状況確認も含めて。阪神淡路大震災の資料でさえ、先週ようやく寄贈先を見つけたところです。もう10年も経つのにそのような状況です。例えば、2004年台風23号の被災資料の真空凍結乾燥が終わったので、乾燥した史料を所蔵者の方にお返ししようと、訪ねてみたのですが、「まだそんな状況じゃありません」というお答えが返ってきました。被災からもう半年以上も経つのですが、今になってもまだ被災者側の受け入れ体制が整っていないということがありますし、所蔵者の中には、「置く場所がないのでもう返していただく必要はありません」という方もいらっしゃいます。そのような方に関しては水面下で自治体の方と協議して、受け入れ先の斡旋をやっております。

司会 今２つほど質問が出たんですけど、それに関して何かご意見があれば、フロアでも構いません。では、お願いします。

多仁 敦賀短期大学の多仁です。福井史料ネットワークで私どもの活動は、従来

の史料所在目録に基づいて調査をしたんですが、水害の写真展で大変印象に残った写真が1点ありまして、お母さんがですね、家族の写真を川で洗っている姿がありました。市民が残したいという被災した資料を、福井史料ネットワークとして全く考えなかった。そういう呼びかけも出来なかったんです。もちろん手はまわらないのですけども、神戸ではそれについても手が回ったという事なんですけども、それを少し聞かせてもらえないでしょうか。

松下　もちろん完全に救出するのは無理です。私のレジュメの5ページ目の表①をご覧ください。レスキューに行ったある地区で写真が出てきました。地区の古い写真でしたからその地区の歴史を語る大切な資料だったんですけれども、残念ながら多くが風で飛んでしまい、私たちも集めたのですが写真の表面が溶けて駄目になってしまったので、現場での判断で、そのまま放置してきたことがあります。それらがもし修復可能という事であれば、おそらく持ち帰っていたと思います。しかし実際のところ修復は難しいんですね。何をどこまでレスキューするのか、いつも非常に悩みます。私たちが目安にしているのは、被災者の方がご自分でなんとかするとおっしゃるものについては、お任せすることにしています。例えば寺院関連資料ですと、仏具とかお経などが出てくるんですね。それらについては「檀家さんがやってくださるので…」とおっしゃる。もちろん処置が大変な部分に関してはレスキューの申し出も行います。被災状況や管理形態なども様々ですので、被災者で対応が出来るものについてはお任せして、どうしても無理な場合は私たちが救済させていただくという活動をしてきました。

司会　どうもありがとうございます。一応今ですね、どういう活動をしたかという事で、神戸・福井のケースについて話がありましたが、何か関連する質問でも構いません、あるいは特に福井では水害のあり方、水害の特色というか、その違いによって何か史料救出の違いがあるのじゃないか、被災資料の出方の違いがあ

ったかどうか、といった辺りも大切な所だと思うんですけども、何か考えている事があれば、例えば松下さんから言われましたように、福井の方がむしろあまり流出資料がなかったようなんですけども、その辺りについて何かお考えの方がおられたら、お願いしたいのですが。

松下 私の方からすいません。ちょっと教えていただきたいのですが、宮津市や京丹後市などの丹後地方で流失資料が何件かありました。おそらく福井の方でも流出した史料が結構あったかと思うんですけども、何か実例がありますか。

長野 えっと、どこであったかというのは今すぐ分からないのですが、区有文書が入っている区長箪笥が流されたというのが2件くらいあったと聞いております。ただ、追跡調査をしていないので確かな事は言えません。

司会 池田町の事例はどうですか？

多仁 池田町の町会議長をされた方の家なんですけども、そのお宅が家の1階部分に河川が貫通するような形で、深さ3m以上削られてしまいましたので、そこには鎧などがあったらしいのですけども、2階部分は達磨落としのような形でほとんど無傷でした。2階部分には書棚に書籍や壁には額が外から見えるのですけれども、全く落ちてないんですね。額なんかもそのままなんです。とにかく1階はもうありませんので、本当に辛うじて2階が残ったという状況ですから、全く2階には上がれません。町の教育委員会の方に建物を壊す時に、できるだけ史料の救済をお願いをしたんですけども、「クレーンで解体する事になるだろうから、おそらく難しいだろう」といわれました。また母屋の上手にある土蔵が全壊しまして、屋根しか残っていませんでした。

司会 という事で、そういう例はあるようなんですけども、特に今回の活動を振り返って、まだいくつか質問があるようです。災害のあり方とか活動そのものについてもですね、パネラーの方でも構いませんし、フロアの方でも構いませんので、ご意見等があればよろしくお願いします。それと今回の反省を含めてなんですけれども、今考えておかなければいけないのが、組織論の事ではないかと思います。新潟県の方は教育委員会を通して、その辺りが動いてくれたなと思うんですけど、福井の場合、あまり働きかけられなかった。私も行ったんですけども、中々働きかけられなかった。今まで文書館がですね、かなり配慮をしてもらって、むしろ人員を出してくれたという事で、今日のこの会への出席も個人の立場だと思うんですけども、文書館から柳沢さんに来ていただいておりますので、よろしくお願いします。

柳沢 福井県文書館の柳沢です。文書館は県の公文書と地域資料のサービス双方の保存・利用を目的としていますので、そういう意味では今回の明らかに被災した古文書・資料については、文書館としては働きを期待されていると私は思っていました。ただ、結果として、報告にもありましたように、被災資料があまりなかったわけですから、幸いしたのですが、これがもし大きな規模で起きたらそれだけで文書館は何ヶ月、おそらく何年かかけて対応することになるかもしれない。そういう話で、1つの資料を救うことは残りの資料を救わないことになる、と今回気づきました。文書館が県の公共施設として活動する上で、優先順位をつけて救済するか、しないか、ということを厳しく問われるだろうと思っております。そういったところで、公共機関として、どういう選択をするかは、また違う観点になるかと思います。

司会 松下さんと長野さん、いかがですか。

松下 これまでの事例からも考えますと、公務員の方は「史料ネット」を盾に活動している方が動きやすいかもしれませんね。公務員の方が矢面にたつと毎回難しい立場に立たされる事が多いと思うのですが、その1つに未指定の民間所蔵史料に、何故そんなにお金と手間をかけるのか、という事が問われるかと思います。それらをどうクリアしていくかという事があります。今回レスキューしました泥にまみれた資料ですが、あれも企業に依頼すれば本来200万円かかるところを、安土城考古博物館で無料でやっていただいたわけです。兵庫県の史料を滋賀県民の税金を使って救済していただいたんですね。それだけにレスキューしたものや成果については、兵庫県だけではなく少なくとも滋賀県も含めた地域の中へ還元するということを、神戸の史料ネットとしては考えていきたいと思います。これは滋賀県教委にしていただいたことですが、こういう様々な公共機関のお世話になっているわけですから、行政との連携により救済が可能となったということについては、地域住民への説明が必要だし、逆に説明をしていく事で、地域の方に史料保存に対する理解をいただく、というようなサイクルを考えています。確かに柳沢さんのおっしゃる通り、維持すると負担があるかもしれないんですが、それでもやっぱりとりあえず私たちが被災調査をして、それを見てしまった以上、放置するわけにはいかないという思いでやってきました。

司会 今は組織の問題等でどう働きかけるかという事で、その辺りで何かご意見等ある方はおられましたら、よろしくお願いします。

　では、司会からなんですけども、大阪や京都など近畿の府県では、文化財課は大体文化財を専門に扱う課なんですよね。一方、福井県の場合、文化財保護室と言うんですけど、文化課内における文化財担当の一部署に過ぎず、課の中心はいわゆる文化振興です。文化庁が扱うのは、例えば国宝や重要文化財などの指定文化財ですね。そういう指定文化財がウエイトを占めまして、文化財保護行政に関しましても、指定文化財に対する保護という意識が強いのが現実です。そういう

いった状況の中で、課長さんは行政職の方なんですけども、なかなか指定じゃないものに関して働きかける、というのは相当に思い切った判断そういったものが必要です。また、なかなか中にいる人間が単純にはできないことでして、そういった意味でもこういったボランティア組織を逆に利用する事によって行政に働きかけていけるのではないか、と思います。特に北陸は近畿に比べて、遅れてるんですけども、そうした文化財行政の違いがあるという事も情報として1つ流しておきたいという風に思います。さて、今後に向けてですが、郷土史研究団体の協力要請体制とか、あるいは地元の文化財保護委員の方への働きかけ、ここは実は大事な所だと思うんですけども、その辺りで、例えば今回のような災害が起きた時に、地元の郷土史の研究団体の方とかは、そもそもどう考えておられるのかと言った辺りを伺いたいんですけども、ここではそういう組織、そういった組織の活動をやられてる方とかがおられたらお願いしたいんですけども…、おられませんですかね。あるいはそのような活動についてご存知の方がいらっしゃいましたらお願いしたいんですけども、いかがでしょうか…。いらっしゃらない、となりますと申し訳ないですけども、松浦先生、福井県史編さん事業でも中心になっておられて、また地元の研究団体の方々とも密接な関係形成をされていると思うんですけども、実は福井史料ネットでは、こうした方々に声はかけたんですけども、実際は後の活動には繋がらなかったというあたりで、何かお考えの点があったら一言二言お願いしたいんですが、いかがでしょうか。

松浦　県史の編さんに携わった者が、そういった県史資料を別にしまして、どうでしょうね。その郷土史研究団体が歴史研究愛好でなくて、史料問題とか、そういった文化財問題に関心を持っているかどうかという事が問題かと思うんです。例えば、福井県郷土史研究会とかですね、出したというのは聞いておりまして、むしろそういう事を先程紹介されました研究会というのは10何名とおっしゃってられましたが、結局途中で潰れてしまったわけです。ですから、逆に松下さん

に聞きたいです。ここに挙げておられる様々な郷土史団体ですね、資料について研究されて来られた方がいるような気もするんですけども、そういうようなものを活かすような福井のあり方、それにですね、積極的に働きかけられなった我々の力の限界もあるわけですけれども、今後に対するご意見をお持ちでしたら、お聞かせ願いたいです。

松下 3つあるんですけれども、1つはまずこの地元の団体の種類なんですが、私たちはどうしてもいわゆる郷土史研究団体に限定してしまいがちなんですけども、ところがそうではなくて、様々な団体間の協力関係の強みを感じました。私たちもびっくりしたんですけども、地方史の研究会の人で福祉活動もやっておられる方などがいましたので、両方の集団に属していることで、地域内の連絡に広がりがでてきたこともありました。他にも、その地区で区長さんを努めていらっしゃる方を中心に、史料ネット活動を広めていただけると話が早いのかなあということを感じました。中には、地元の歴史研究団体を名乗っているにもかかわらず、どこに何の資料があるか全く知らなかったということで非常にショックを受けた方々や、今回の被災をきっかけに自分たちで史料所在調査を行ったことで「非常に勉強になったなぁ」という事をおっしゃっていただきました。ただ、いずれにしても、地元の歴史研究会の方が史料の所在や、被災の情報を一番持っておられますから、やはり地元の方々の協力が必要です。二つめは、各自治体の災害時のマニュアルの内容が大きいなと思いました。舞鶴市の事例ですが、市から各地区へ連絡していただき、被災資料の保全活動を市が史料ネットと連携して行っていることを広報してくれました。あとはボランティアセンターとの協力ですね。被災直後に実際に復旧作業にあたるボランティアが集まるボランティアセンターや社会福祉協議会と早めに手を打って連携することが必要ではないかなという風に思いました。実際には難しいかもしれませんが、ゴミ出しや泥かきの際に、史料を廃棄しないようボランティアと被災者の両方に呼びかける体制づくりのため

に、歴史グループをはじめとする地元の様々な組織と連携するのが大事なことではないかなと思います。

尾立 情報提供なんですけど、愛媛の史料ネットは最も機能している史料ネットだと思うのです。私は2001年5月にたまたま現地入りを計画した時に、愛媛の史料ネットワークに電話をして、「地元を歩いてみたい」と言ったら、「では、ご案内しましょう」と希望を受け入れてくれました。その時に案内をして下さった方から、地元の自治体は大変否定的で冷めた態度であることをお聞きしました。何故かというとその時点では、愛媛大学と地元の団体、それから教育委員会、この3つが全然上手く機能しなかった。過去にも上手くいってなかったんですね。たまたま、その震災が起こったんで、仕方が無いので対応した。そのような事情を聞かされて、その日は愛媛資料ネットの方と別れたんですが、その後あっという間に県の文化財担当、愛媛大学、市町村の連携が実現していきました。市民研究団体と愛媛大学がものすごい行動力のある組織になって、人間は集まる、更に地元の事をよく知る者が被災した資料の情報を持ってくる。私はこれが地元の力だと思ってるんです。数ヵ月後、救出した襖から下張り文書を剥がす指導に現地に行きました。その時は50人くらい集まって作業をしました。そして、その後も現地ではボランティア活動として月2回くらいの割合でやってきました。私が注目しているのは中高校生の参加です。授業の一貫だと思うんですけども、参加した地元の中高生は、「面白い」と言ってくれているそうです。面白いと言ってくれる事は、歴史教育に非常に役立っていると、地元の新聞記事に掲載されました。この話を聞いて、すごいなと思いました。

　もう1つは香川県の高潮被害からの話です。ここでのボランティアというのは、実は資料館の文書を読む会の人達なんですね。だから、ほとんど60歳以上の平均年齢70歳くらいのおじいちゃん・おばあちゃんです。しかし、よく聞いてみると、まるで地域のドリームチームみたいなもので、元校長先生だとか、元議員

さんとか、まだ現役の区長さんだとか、その辺の町を歩いていると皆が頭下げて通るような人達がいるんですね。だから、そういう人達が入っているか入ってないかで、地元の活動が、ネットワークとしての活動の効率が全く違う。市民の支援というものが、特に大切だと感じます。

司会 どうもありがとうございました。今回、福井の場合は特に、実際にはですね、幸い救出すべき資料がほとんど出てこなかった。出てきた物に関しては、文書館などで対応できました。1つは今立町立図書館ですね。私も若干手伝いましたが、調査の途中で出てきた資料をですね、整理したというくらいの事がありました。そういう被災史料などが出てきてたら、逆に地元の方にも手伝ってもらえる事で活動に繋がったかなと思うのですけども。今その調査の基礎作業としての地道な資料作り、そういう所では、なかなか手伝ってくれと言えなかった事もあるかと思うんですけども、その辺りはほとんど長野さんに任せてしまいました。長野さん、そうした作業を通じてですね、何か地元の方との連絡とかですね、その辺り何か気が付かれたり、こういう風にやったらよかった、あるいは今後に向けて、こういうような事をやっておくべきではないかといったことありましたら、何かご意見をいただきたいのですけれども。

長野 私が作成した所在目録というのは、先程も報告で申し上げましたように、20〜30年前の古文書目録などに基づいてやっています。実はそれよりさらにもう数年前に、当時まだ福井県内に博物館ですとか、その他史料の保存利用機関がなかった時期にですね、県立図書館が県内の古文書取材調査をやっています。それが後の県史編さんの基礎作業になったと私は聞いていますけども、そういった今から20〜30年以上前に、史料の整理や目録作成をやってらっしゃった方々に、何らかの形でお手伝いなり、アドバイスなりというのをいただいて、うまく巻き込んでいく方法があったんじゃないか、と今になって思うんですね。その当

時、調査を具体的に支えていたのは大学および在野の研究者の先生方だったんですけども、もう少し一般のですね、地元の歴史に関心のある方、それこそ古文書を読む会なんかに参加されてる方々にこそ史料ネットの活動に参加してもらった方が、本当は良かったかなとも思います。やはり、古文書を調査された方々は、今やもう偉い先生方で、少しお年も召されているわけで、なかなかその方々にお願いする事が難しかった。その意味で、今各地で古文書を読む会みたいな活動をされている方との連携こそが、もう少し上手く出来たのではないかな、というのは感じています。

参加者　新潟の場合ですが、今おっしゃった協力という事で言いますと、1月に新潟で史料ネットの集会を開いた時に、ライフライン復旧の方、それから住宅の修復の方、色々な方に来て頂いた時に、お世話をするためのお礼、長岡にも、地元の新潟にも大学があるわけですが、なかなか行政と連絡が密接に出来ないということがでました。両方に被災資料写真を撮って、記録してあったと、「それをちゃんと行政に提出したのですか」と聞くと、「してない」と「そんな事は知らない」というような話がありました。結果的にはそのテーブルの中で話になったのですが、その辺の連携ですね、先程松下さんもおっしゃったエピソードがあまりにも綺麗なんで、そんなにうまくいったかどうか率直な疑問としてありますのでその辺の実際を教えて下さい。

松下　正直言って連携できなかった自治体もあります。レジュメ4ページに「被災史料調査時の壁」として三つの「大丈夫」論をあげています。つまり、旧家は高いところにあるから「大丈夫」だとか、被災の連絡が入ってきていないので「大丈夫」だとかなどという理由で、私たちがお願いしている被災史料調査を共同でやっていただけなかった自治体がいくつかありました。もちろん復旧の最中、こちらも無理をお願いしているのであまり強くは言えないのですが、ただマスコミ

報道や過去の経験だけでは判断できないのが災害だと思うのです。高い立地でも裏山が崩れて蔵が土砂に埋まった事例などもあります。予断だけではなく実際に被災地を回ることで始めて明らかとなる被害状況もあるというのがこの間の10年間の活動から得た実感です。また、地域の方々とその自治体、或いは大学との関係が悪いところもあります。これまでの長いつきあいから、両者の信頼関係を損ねた事例があったためにうまくいかない例もあったかと思います。例えば、どこそこに貸した史料が返ってこない、誰々に貸した史料が返ってこないケースなど…。そういう情報と言うのは、恐ろしいスピードで実は伝わります。そういう旧家間のネットワークと言うのは、私たちが思っている以上に早いみたいです。史料ネット活動の話も、そういった旧家の人間関係のネットワークで若干話題になっていたらしく、久美浜の方が豊岡での我々の活動をご存じだったのには驚きました。逆に言えば、被災地の自治体や住民と私たちがうまく連携出来ているということは、過去にそういうことがなかったということにもなるでしょう。また、ここには書いていませんが、先程所在調査をした際に資料を見せていただけなかったという話が出てきましたけども、ある意わからないわけではない。つまり余程信頼してる人じゃないと普通は蔵の中まで見せない。文書についても隠すことの方が多いかもしれません。他にも「恥ずかしい」という理由もよく聞きました。過去に貸地をたくさんもっていた方や、お金を貸していた地主の方が、襖の下張り用として古文書を地元の方に売った時に、地域の方に色々と「お宅のご先祖さんはあんなことやこんなこともしていたんやね」みたいなことを言われ、それ以来他人には古文書を見せたくなくなった、という苦い経験のお持ちの方はやはり神経質になるようですね。

司会 地域のどういう郷土史の団体があるのかという事は、実は全体は把握されていません。今、富山県がそういう事をやろうとしているようですが、福井県は把握できていないという事で、おそらくこれも何らかの形でまた教育委員会を通

じて、人間的な繋がりが無ければなかなか難しいのではないかなと思います。その辺りも含めて、地方史研究協議会からご参加されている皆様、資料被災問題というのは関東ではまだ少ないと思うんですが、こういった地元の郷土史の団体とかそういったことも含めて、密接に研究ないし、関係を作ってこられています地方史研究協議会の皆様に、今までの議論を聞いておられて、何か直接関係しなくても構いませんので、今後に向けてどういった事をお考えなのか、ご自身の経験でご意見等がございましたら、お願いします。

中野 地方史研究協議会の中野です。本職は駒沢大学の方で教員をやっております。今日お話を聞いてて、やはり1番大事なのは、どういう風に資料の所在を確認するかという事で、それをやはり災害で被災された地域の方々は事前に資料の確認をしておくべきだったことを痛感された。色んな事を身を持って体験された。実際に被害を受けられた地域の方は身を持って分かってきてて、私たちなんか、正直「今から〜だから」ということは中々ないですね。

多仁 2004年10月に国立公文書館の資料管理学講習会で、私は行政とアーカイブズという講座を担当したのですが、その講座の1時間を使いましてワークショップをやりました。受講されている文書館の方々にですね、現場でどのような資料被災対策をしているのかというような問いかけをしました。そこで出てきたんですが、和歌山県では毎年、資料所在確認を業務として家の中の保存状態まで確認していて、長野県では長野県歴史館が県史料協を通じて所在確認をしていること。アメリカでは戦争被災に対しての疎開マニュアルがあること。文書館が被災した場合には、外に持ち出すマニュアルを持っていることなどが受講者から紹介されました。日本の文書館は被災資料を受けいれる事はあっても、自分が被災した時には疎開マニュアルがない。

司会 では、松下さん。

松下 先程の資料ネットの組織についてですけども。やはり広域に連携していくという考え方で今後も行くべきではないかなと思います。まだ被災されていない地域にとっては、事前に「史料ネット」的なものを組織するのはなかなかきっかけが無いと難しいですが、やはりその場合は、被災の都度私たちのような被災地の外部の人間と被災地の方々とで協力して調査・保全活動をすることが必要だと思います。激甚災害の場合は、被災地の行政・研究者・住民自体も被災者ですから、史料保存どころではないからです。そのためにも普段から、資料の所在調査を県レベルから市町村レベルにいたるまで行うことも必要になってきます。宮城には県教委による史料目録が過去に作成されていたのですが、宮城資料ネットではそういう所在調査をもう1回やり直そうという事で、大学や県や市町など巻き込んでやはり広域な協力体制で調査を進めていると聞いています。そういう意味でも連携にとってやはり1番大きな核となるのは大学だと思うんです。先程、県の教育委員会が動かなければ、どうするかという話がありましたけれども、やはり大学も動くべきだと思います。地域に所在する大学が率先して、役所を動かしながら市民と協力するというのも一つのパターンではないかと思います。私たち神戸の史料ネット自体も様々な地域とネットワークを構築することが必要であると思っています。

司会 大分時間が経ってきましたけども、今後に向けて、福井史料ネットは、最低このくらいのことはやってくれよ、ということがございましたら、出来るかどうかはまた別ですが、うかがっておきたいと思います。尾立さんからお願いしたいんですが、いかがでしょうか。

尾立 この7月5日に県立の文書館で資料修復に関して面白い研修をしてくれ

ないかという事で、ちょうど今一番私が興味を持っていることを中心にしたワークショップをしようと思っています。それは水害で水に浸かってしまった文書を、慌てないで処置すればカビさせたり捨ててしまったりとかしないでもいい、ということが実感してもらえる内容です。地道な調査活動も大事なんですけれども、救援作業に少しでも人が集まる企画も大切だと思います。区書館だとか文書館を拠点にして、日常のことのように活動する一種のサロン的な要素も必要なのではないかと私は思います。災害時にそんな事をしたら不謹慎だといわれそうですが、今日のシンポジウムの主旨からいいますと、こういったことも視野に入れて頂きたいと思います。地域の多くの方々は歴史の研究者ではありませんので、目録作りだとか所在調査などの経験は無いんです。だからそんな事よりも、色んな出来事を自分の問題としてとらえ、そういった事へ自分の能力なりに、続けていけることも大事だと思います。ぜひ会場におられるみなさんも少し視点を変えてですね、ご自分なりのやり方でこの問題をとらえ直していただければと思います。

松下 私の方からは、何でそもそも歴史資料をレスキューして守らなければいけないのかという、非常に単純なんだけども、難しい問題を提起をしておきたいと思います。自分たちのマチやムラを知るための資料が意外と身近な所に保存されているということ、ほとんどの方がこういうことを意識してないけれども、これまでの先人の努力によって今まで残されてきたということ、何も文化財指定を受けていないものでも、自分たちのルーツ・環境を明らかにしてくれるようなそんな大事な物があるということ、そういうものを地元の方々とともに守っていくことの大切さを感じました。単に研究者の研究のために必要だからということではなく、こういう歴史資料のもつ意味や、取り巻く現状を地元の方にお話しする機会を増やしていって、これらのものを含めて歴史文化を地域で活かすための具体的な方策を考えていきたいと思っています。そのための史料保存が必要だと思います。人と時間とお金の続く限りではありますが、何のためのレスキューなのか

ということをこちらの側も位置づけ直しながら、現地の方々にも史料保存の意義を理解していただく努力が必要だと痛感しています。

司会 どうもありがとうございます。今の最後の話を聞いてですね、ぜひ一言発言していただきたいと思いまして、今日は学生さんたちが来られていますので、尾立先生の言葉の中にありましたように、こういった問題をまた人にも伝えていってもらえると思っております。何か疑問や、或いは今後どういった事を短大や大学でやりたいと思っておられるのか、聞かせていただきたいと思います。

長谷川 この春に福井大学大学院修士課程を修了しました長谷川です。まず、私が一番不安に思っているのは、その福井大学には歴史学科というのがないので、教育学部の中で歴史をやる形でしか学べなくて、それが残念なんですけど、短大は敦賀短大がありますが、歴史学科がある四年制の大学は無いので、それで歴史をやる人とか非常に少ないんですね。福井大学は教育学部なんで、どうしても教育の方にいってしまって、本当に学年で1～2人という風な具合です。それで教育の道を歩むしかないんですけど、そういう土俵の中で私がこういう活動に関わって、これからは私一人でどうすればいいのかというのが不安に思います。それとあと、行政との関わりで、現在私は芦原小学校で非常勤講師をしているんですけど、文書が入ってるんだろうなという箱が非常用の持ち出し金庫の上にポンと置かれてるんですけども、中に何が入っているのか多分先生方は誰も知らないと思うんですけど、そういう文書があった時はどうすればいいのかというのと、あと非常用の持ち出しといっても小学校が浸水した時はいっぱい置いてあるので、あれは確実に沈むなと思ってるんですけど、そういう取り扱いをどうすればいいのか、やはり地域の資料は、個人だけではなくて、学校に置かれてるというのが結構あって、そういうのをどうすればいいのかなと思いました。もしできる事なら私も芦原にいるので、そういう芦原で皆さんの協力が出来れば、いざという時に

ここにありますよと指摘することができるマップ、そういうのを作っていきたいんですけど、協力していただけますか？

司会　今おっしゃられた辺りの事は、私たちが気が付かなければいけない所だったと思います。福井史料ネットの今後という事で、レスキューという事に関しては、ほぼ終了したのではという所ですけれども、今後に向けて例えば史料ネットの活動を広報する集会をしていくとかですね、そういうことも可能かなと思うんです。一応終りの時間が来てますので、フロアの方から何かありましたら挙手願います。なければ最後に簡単にパネラーの方で一言ずつ、長谷川さんのご質問に対して、ご意見をお願いします。それで終わりにしたいと思います。

多仁　ちょっとお伝えしたい事があります。私どもの短大では高校生の体験学習というものをやっております。資料修復室では何をやったらいいかなと考える間もなく、高校生がみえました。何もやってもらうことが無かったので、今剥がしているお寺の襖の裏張りの図面を取りあえずやってもらいました。「どうだった？」と終わった後聞きましたら、「すごく面白かった」と。こんなつまらない事どうして面白いのか、私には良く分かりませんが、意外なほど高校生が反応を示しました。また、ひまわり塾という小学校の夏休みを利用して、子どもが体験学習をするんですが、漉き嵌め体験学習をさせました。マンガ雑誌のページを切り取って穴をあけて、同じ紙を材料として漉き嵌めを体験学習させたのですが、いろいろあるひまわり塾の学習プログラムの中で、報告書を見ると一番関心が高かったことは驚きました。ＩＴとかデザインとかではなく、資料修復という地味な仕事に、子供や高校生が関心を高く持っていることに勇気づけられました。実は幼稚園でも蒟蒻糊と和紙でつくった風船にヘリウムを入れて飛ばしたらすごく喜んで、和紙に関心を持ってくれました。先端科学にばかり関心とお金が集まる時代に意外な感じがします。長谷川さんがおっしゃった学校教育の問題。前回の研究集会

では社会科教育問題をテーマに取り上げたのですが、学校の先生方はほとんどお見えにならなかった。学校教育現場が大変な事は分かるんですけども、地域と問題を共有していかなければならないのに、地域には関心を示さない。学校以外のことに関心を示さないというのは今後に大きな不安を残したことになると思います。

司会 他にどなたもおられないでしょうか。では、パネラーの皆様、一言ずつ、今後こんな事をやっていきたい、とかございましたら、お願いします。

松浦 私どもの活動が十分だとは思ってない事は最初に申し上げたんですけども、それは変わらないですね。松下さんの報告を聞いて、より存在が危ういと、そういった意味ではまだまだ努力しなきゃいけない所があるし、尾立さんの話で本当に水害の時に修復する力を持っているのかどうか、私個人に関しては持っていないです。素人のお手伝い要員の部分で対応できる、そういうものでないと思います。もっと厳しい、災害時のものは厳しいものだと思うんですね。そういう時に耐えられるだけの技術と人手を持つ事が出来るのかというと、残念ながら現在はありません。まあ、私は結構な歳ですが、環境を整備しながらそれを次世代に伝える。災害の時に対応できる力があるかどうかということについて、今回深く考えさせられました。

長野 今日の報告をうかがっておりまして、一番大切な事というのは、資料は誰にとって一番大切なのかという事じゃないかと私は思いました。どちらかというと研究のために重要だという視点がこれまで中心だったと思うんですね。私は今図書館に勤めていて、福井史料ネットワークにも参加しているんですけども、郷土研究者、或いは郷土の歴史の愛好家といった方は非常に多いし、年齢層も幅広いと思うんですが、そういった方にとって、資料の保存のような問題が、もっと

身近な存在となるような史料ネットの活動ができたらないいな、と思います。そういった事で、今よりも多くの方々に参加していただけることが、まず大切かなと感じました。あと、尾立先生のお話にもありましたけども、お金の問題等もそうなんですが、幸いにも今回私たちの福井の場合は実際の被災が無かったので、修復の問題ですとか、お金の問題とかは、ほとんど考えなくて良かったという点が１つありますし、後もう１つは他所に出て行ってのお手伝いをするという話も出ましたけど、今回私たちがこういった活動が出来たのも、たまたま同じ福井市内に住んでいても被災しなかったからこそ出来たんですけども、じゃ、いませっかくこういうものができても、メンバーが皆被災してしまったら、誰がやるんだという話になると思うんですね。そういったことを克服するための連携を進める活動も、今後は必要になるのかなと思いました。

松下 私もそのようなことが大事じゃないかなと思いました。立ち上げに問題があるとおっしゃいましたけども、当たり前の話ですが激甚災害の場合、実は被災地にいる方々は皆被災者になるんですね。私も阪神淡路大震災の時は神戸にいましたので、生活復旧が精一杯で正直史料ネットのような活動をやろうという気は起こりませんでした。やはり史料保存について気づかせてくれるのは、初めは外部の方なんですよね。ただ気づいた人が１人で背負い込まなきゃいけないのかというと、そうではないと思います。むしろ、災害時にそういう人々が対応できるような日頃からの連携関係、ネットワークをつくっていただけたらなと感じました。連携の担い手という点では、人数の多さ、広がり具合から考えますと、先程も話題にあがった中高の社会科の先生方を中心とした方々の果たす役割も大きいと感じました。あとは所在調査という事で言うと、やはり若い人たちでですね。色んな歴史資料に関わる若い人たちの参加が必要だと感じました。後もう１つは現物の史料がもつ力は何物にも変えがたい。史料レスキューに関わった市民の方は本当に目が輝いているんですね。被災したものですけども、手に取ってみて、

吸水作業していく中で、関心が高まっていくのだなと感じました。やはりそういった意味でも多くの方に参加していただくという事、被災地の現場を知っていただくという事が、特に若い方に経験していただくのが、次世代につなげていくという点においてもやはり大事なのではないかなと思いました。あと行政の方にお願いしたいのは、被災地域にとって大事にされてきたもの、それは何も文化財に指定された物件だけではなく、色んな物が挙げられると思うんですけども、アンケート調査などで事前に情報を収集しておくことを普段からやっていただきたいのです。大規模災害発生時にはそれらの情報をもとに調査ができるかと思います。兵庫県のある町では区長さんを通じてデータを収集したそうです。そういった事が可能でしたら、今からでも情報を収集していただけたら幸いです。今日は色々とありがとうございました。

尾立 今日は敦賀に来て、皆さんと討論できて、本当に良かったです。少し会場の参加者が少ないんですが、私は今日討論したようなことは大きな意味があると思います。多分関係者5～6人だったら、今お話したような事は会話という形で情報交換しているところです。個人的にする会話ならもっと密な情報交換が出来ると思うのですが、やはり公開しないと意味が無いと思うんです。情報というのは自分の外へ出した時点で情報だといえるのだと、私はそういう信念を持って、今まで色んな活動をしてきました。だから、自分1人で持っていてもそれは情報ではないんです。出し方はいろいろあります。こういうシンポジウムという形で、この会場の皆さんが、少なくても何らかの形で皆さんが報告をするとか、それが読んだ人にとっての情報になるとか、私はそれで充分意義があったと思います。ですから、今日のこの企画を準備された方に本当に感謝したいと思います。どうもありがとうございました。

司会 どうもありがとうございました。現在、文化財は、活用というところに注

目を集められまして、それを利用して、いかに人を呼んでくるかという所にかなり関心が集中しています。博物館でもいかに人を入れるかで、汲々としているのが現状です。将来へ歴史遺産・文化財を伝えていく、残していくといった側面でこういった史料ネットワークの全国的なつながりを、今後何かあったときのために備えておくことが大切だと思います。今日の話もうまくいきますと何らかの形で活字というか本の形にしたいと思いますので、尾立さんがおっしゃった意味で発信ができるのではないかなと思います。今日は皆さん暑い中、ありがとうございました。パネラーの皆さん、フロアの皆さん、ありがとうございました。今日はこれで終わりたいと思います。

76

●福井ネット参考資料 01

2004 年 7 月 21 日

報道関係者　各位

福井豪雨被災地に歴史資料・文化遺産への注意を喚起する記事掲載のお願い

　このたびの大水害で被られた大きな被害と、今も続く不自由な生活に対して、謹んでお見舞い申し上げます。また、昼夜を問わず情報発信に奮闘されている報道関係者の皆様に敬意を表します。

　私たち、歴史資料ネットワーク（事務局・神戸大学文学部内）は、阪神・淡路大震災の被災地で、歴史資料をはじめとした文化遺産の救出・保全をおこなってきた歴史研究者を中心としたボランティア団体です。私たちは、1995 年 1 月の震災時に、全国の歴史学会など関係団体から支援をうけて、自治体や市民と協力しながら、地域社会の民間資料の救出や文化財の被害調査などをおこなってきました。また、今日も引き続き被災地における文化遺産の保全・再生に取り組んでいます。

　私たちがこの活動を始めたのは、博物館や図書館に収蔵されている史料や、国・自治体の指定文化財だけではなく、住民の生活空間の中にある歴史遺産が、地域民の復元にとって欠かせないという思いからでした。

　阪神・淡路大震災における歴史資料・文化財の保全復旧活動は、少なくない成果をあげました。被害調査で新たに発見された史料も少なくありません。また、当初心配されていた被災住民の反感もほとんどなく、むしろ好意的な反応がほとんどでした。

　しかし、その一方で、損壊建築物の解体の際に焼かれたり、道路復旧で撤去・破壊されたりした古文書や石造物なども多く、それまであった文化遺産の三分の二が、被災地域から消失してしまったという報告もあります。前例がなかったこともあり、活動の始動が地震発生から約 1 ヶ月後と、遅かったことが現在の反省点の一つとして挙げられています。

　その反省をふまえ、2000 年の鳥取県西部地震や 2001 年の芸予地震では、阪神・淡路大震災の経験を伝えるのみでなく、神戸市から被災地へ多くのボランティアを派遣し、地震直後から活動を開始しました。昨年 7 月に発生した宮城地震でも、現地で活動をすすめている歴史研究者や地元の市民の方々と連携し、支援のセンターとして全国からの募金のとりまとめやボランティア派遣の調整をおこないました。これらの活動を通じて、現地でいち早く、組織的な保全活動についての体制がとれるかどうかが、その後の地域遺産保全をすすめる上で重要であることが明らかとなりました。

　今回の福井水害の被災地も、歴史的環境の豊かな地域として知られています。収蔵施設に保管されているもの、文化財指定を受けているものの他にも、地域のあらゆる場所に、先人の営為を伝える歴史遺産、文化遺産が数多く存在するはずです。特に高齢者だけの家、空き家になっている家の場合、その可能性はより高くなります。<u>「役に立つと知っていたら捨てなかったのに」</u>と叱られたこともしばしばありました。<u>地域の中の歴史遺産を災害に</u>

よる滅失から守るためには、専門家やマスコミが早くから注意を喚起しなければならないというのが、阪神大震災の教訓の一つです。

　今回の大水害を乗り越えて古文書・写真・日記・さまざまな個人や団体の文書や記録、民具・石造物など地域遺産が保全されれば、被災地域の社会や文化の復興に大きな力となります。これらが、水害のせいで姿を消してしまわないよう、関係者の方々にはご配慮いただきたくお願いいたします。

　これまでの経験からすると、被害が小さくとも旧家の母屋や蔵のわずかな雨漏りなどが原因で撤去・建て替えがあり、その際存在を認識されていない近代や現代の史料、古文書などが頻繁に廃棄される可能性があります。今回は、特に土砂災害や河川の氾濫、崖崩れによる災害が発生しており、水や泥などにより歴史資料が濡れたり汚れたりして、一見すると廃棄処分せざるをえないかのないように見えるかもしれません。しかしながら、そのような史料であっても、冷凍庫に入れるなどのフリーズドライの処置によって保全することも十分可能です（詳細は、全史料協ホームページ「文書館防災対策の手引き」を参照。URL は、http://wwwsoc.nii.ac.jp/jsai2/iinkai/bosaitebiki.html）。

　わたしたちはすでに、地元関係者と連絡をとりながら、情報収集を進めています。阪神・淡路大震災の教訓を活かし、災害から地域の歴史遺産を守るため、是非貴社にこの問題を取り上げていただくよう、お願い申し上げます。また、被災者の方々に歴史資料・文化遺産に類するものの保管について困難が生じた場合は、福井県文書館(電話 0776-33-8890)や歴史系の博物館に連絡をとられるよう、呼びかけて頂きたいと思います。コメントや資料の提供など、取材には最大限の協力をさせて頂きます。

　鳥取県西部地震および宮城地震の際の活動に関する資料もＦＡＸさせていただきますので、ご参照ください。取り急ぎ、ファックスにてお願い申し上げます。なお、インターネット（下記アドレス）でも情報を掲載しておりますのでご参照ください。

2004 年 7 月 21 日
歴史資料ネットワーク
代表　奥村　弘（神戸大学文学部助教授）

〒657-8501　神戸市灘区六甲台町 1-1　神戸大学文学部内
TEL&FAX　078-803-5565
URL：http://www.lit.kobe-u.ac.jp/~macchan/
e-mail：s-net@lit.kobe-u.ac.jp

●福井ネット参考資料02

ボランティア団体およびボランティア各位　　　　　　　　　　2004年7月22日

歴史的、文化的資料と遺産への配慮のお願い

歴史資料ネットワーク
代表　奥村弘（神戸大学文学部助教授）
〒657-8501　神戸市灘区六甲台町1-1　神戸大学文学部内
TEL&FAX 078-803-5565
URL：http://www.lit.kobe-u.ac.jp/~macchan/
e-mail：s-net@lit.kobe-u.ac.jp

　このたびの大水害で被られた大きな被害と、今も続く不自由な生活に対して、謹んでお見舞い申し上げます。この被害に対してボランティア活動をされているみなさまに敬意を表します。

　私たち、歴史資料ネットワーク（事務局・神戸大学文学部内）は、阪神・淡路大震災の被災地で、歴史資料をはじめとした文化遺産の救出・保全をおこなってきた歴史研究者を中心としたボランティア団体です。私たちは、1995年1月の震災時に、全国の歴史学会など関係団体から支援をうけて、自治体や市民と協力しながら、地域社会の民間資料の救出や文化財の被害調査などをおこなってきました。また、鳥取県西部地震や芸予地震、昨年の宮城地震の際にも被災地における文化遺産の保全・再生に取り組んでまいりました。

今回のお願いは歴史的文化的な資料の性急な廃棄に対することです。

1. 一見すると水損してしまい、廃棄対象にみえるものであっても、歴史的、文化的な価値がある場合があります。そのため、性急な処分をしないように所有者に提言してください。
2. そういった資料について、可能であれば、冷凍庫に入れるようにおねがいします。無理に乾燥したり、はがしたりしないようにお願いします。
（早急処置によって、保存が可能となります）
3. 処分等に困った場合は以下の連絡先に相談してください。

　　　　歴史的、文化的な資料
　　　　● 古文書（和紙などに筆で書かれたもの。江戸時代以降
　　　　● 明治以降の写真、新聞
　　　　● ふすまなど古い民具、農具
　　　　● 石造物（石碑など）
　　　　● 個人や自治会など団体の記録や資料
　　　連絡先
　　　　福井県文書館
　　　　　Tel 0776(33)8890　Fax 0776(33)8891
　　　　　（福井県福井市下馬町51-11）

●福井ネット参考資料 03

福井新聞

被災、古文書を救え！
保存・修復部隊「福井史料ネット」発足
県、大学、県外団体がスクラム

水害被害を受けた歴史資料の救出や修復などに当たる活動グループが協力し、県文書館に相談窓口を開設、泥水で汚れた古文書についての取り扱いをアドバイスし、復旧作業での貴重な資料の散逸を防ぐ「福井史料ネット」が二十五日、発足した。

県内の歴史資料や大学、県外の資料保全団体・歴史資料ネットワーク（神戸市）のボランティアで構成、県文書館を電話相談窓口とし、泥水で汚れた古文書などの保存方法をアドバイスし、必要に応じて現場での修復作業を行う。

同日は、同ネットワークのメンバー三人が福井市一乗地区など被災地を視察した後、関係者二十人と県文書館で会議。「各地で資料が泥にまみれている。その現状を調査する必要がある」と一致、まず復旧作業が進む現状を把握して対応を取った。

同ネットワークの松下正和事務局長は「本来なら、すぐにでも各地で調査を行いたいが、被災住民の気持ちを考え相談窓口を設ける対応をとった。貴重な資料が泥にまみれているからといって捨てずに、まず電話をしてほしい」と呼び掛けている。

福井大の松浦義則助教授が県や県内の大学に呼び掛け、発足した。

協議の結果、福井独自の史料ネットを組織し、各団体から資料保存のための中性紙封筒を集め、救出派遣グループを中心としてボランティアを編成していくことを決めた。

破損してしまう。一刻も早い救出が必要」などの意見が出ている。

問い合わせは県文書館☎0776(33)8890＝。

泥で汚れた歴史資料の散逸を防ぐための方策を考える「福井史料ネット」のメンバー＝25日、福井市の県文書館

2004年（平成16年）7月26日（月曜日）

動揺ある、地元で作業手伝いたい。

古文書捨てないで
神戸の団体 保存方法を出張相談
汚れても歴史的価値

泥水で汚れたからといって古文書などの歴史資料をごみと一緒に捨てないで──。福井豪雨の復旧作業の際に貴重な史料が散逸するのを防ぐため、神戸市のボランティア団体「歴史資料ネットワーク」（代表・奥村弘神戸大助教授）が被災者に呼び掛けている。

同ネットは、阪神淡路大震災を教訓に、京阪神の大学で日本史を研究する教官や学生らが一九九五年に結成。全国の地震で被災地で同様の史料保全活動を進めてきた。

旧家の蔵などに眠る古文書や石造物、掛け軸、写真といった史料は被災住宅からのごみやがれきの撤去、解体の際に捨てられたり、損傷しやすい。

また住人が史料の価値や存在を知らなかったり、知っていても泥水で汚れたから、という理由で廃棄されることが多く、「あらゆる史料に価値がある。捨てる前に保管してほしい」と強調。"紙の史料は汚れていても冷凍庫で凍らせば、カビが生えて腐ることを防げると説明している。

個人や自治体から要請があれば、同ネットのメンバーである歴史研究家が出向き、保存方法や史料価値について相談に乗る予定。

問い合わせは歴史資料ネットワーク☎078(803)5565、平日の午後一時から同五時まで。アドレスはhttp://www.lit.kobe-u.ac.jp/~machi/an/

同ネットでは「文化財指定の有無にかかわらず、歴史を後世に伝える上であらゆる史料に価値がある。捨てる前に保管してほしい」と強調。

2004年（平成16年）7月22日（木曜日）

●福井ネット参考資料04

２００４年８月３日

福井豪雨被災地の皆様

福井史料ネットワーク

福井豪雨被災地における古文書等歴史資料の取り扱いについてのお願い

　このたびの大水害による甚大な被害と、今も続く不自由な生活に対して、謹んでお見舞い申し上げます。
　私共は、この水害によって被害をうけた古文書など歴史資料を救済すべく、福井大学、敦賀短期大学、県文書館、県立歴史博物館、県教育庁などに所属する歴史研究者が集まり「福井史料ネットワーク」というボランティア組織（代表：福井大学教育地域科学部教授松浦義則）です。過日、阪神・淡路大震災後の発足以降、鳥取県西部地震、芸予地震、宮城沖地震等で被災史料救出の実績を持つ（神戸の）歴史資料ネットワークと今立町立図書館の協力を受け、今立町大滝地区を中心に現地調査を実施しました。

　その結果、地震による被害とは異なり、水害の場合は直接史料そのものには水損がないと思われた場合でも、資料が置かれている状況でかなりの湿気を被り、結果としてカビの発生など資料に甚大な被害を与えることが危惧されました。
　もし蔵の床などに直接資料を入れた箱を置かれている場合は、下に簀一枚でもかませていただければ、かなり風通しが良くなり、カビの発生を少なくすることができます。また、すでに箱の下部に水がついたような場合は、資料を守るためには一日もはやく中のものを出して、対処する必要があります。

　このような場合、御家族だけで対処できない場合は、我々福井史料ネットワークがボランティアでご協力させていただきます。
　古文書をはじめとした歴史資料は、皆様の家庭、また皆様が住まわれている地域の歴史を知るためのかけがえのない歴史・文化遺産です。それは、中世や江戸時代のものに限らず、明治期や大正期また昭和戦前期のものも同様です。
　お手持ちの歴史資料の取扱いについてお困りのことがございましたら、下記の福井史料ネットワークの専用電話か福井県文書館までご連絡ください。可能な限りでご協力させていただきます。

【連絡先】　福井史料ネットワーク　Tel.090-9766-1553
　　　代表　松浦義則（福井大学教育地域科学部教授）
　　　携帯 E-mail:fukui-history-net@ezweb.ne.jp
福井県文書館　Tel.0776-33-8890、Fax.0776-33-8891
　　　〒918-8113　福井県福井市下馬町51-11
　　　E-mail:bunshokan@ain.pref.fukui.jp

●福井ネット参考資料 05

　　　　　　　　　　　　　　　　　　　　　　２００４年８月３日

福井豪雨被災地の区長様

　　　　　　　　　　　　　　　　　　　　　　福井史料ネットワーク

　　　　　　福井豪雨被災地における古文書等歴史資料の取り扱いについてのお願い

　このたびの大水害による甚大な被害と、今も続く不自由な生活に対して、謹んでお見舞い申し上げます。
　過日、今立町大滝地区を中心に若干の現地調査を行った結果、水害特有の問題が発見されました。
　つきましては、いろいろお忙しい中まことに申し訳ございませんが、区有文書あるいは、お手持ちの歴史資料の取扱いについてお困りのお宅がございましたら、別紙資料の内容をお知らせいただければ幸いです。
　地域を知るということは地域の歴史を知ることと同義です。先人が代々伝え残してきた歴史資料を我々の世代で無くしてしまうことなく、子や孫の世代に何としても伝えていきたい。そのような気持ちで活動していますので、よろしくご協力下さい。

　　　　　　　　　　　　　【連絡先】　福井史料ネットワーク Tel.090-9766-1553
　　　　　　　　　　　　　　　代表　松浦義則（福井大学教育地域科学部教授）
　　　　　　　　　　　　　　　　　携帯 E-mail:fukui-history-net@ezweb.ne.jp
　　　　　　　　　　　　　福井県文書館　Tel.0776-33-8890、Fax.0776-33-8891
　　　　　　　　　　　　　　　　〒918-8113　福井県福井市下馬町 51-11
　　　　　　　　　　　　　　　　　　E-mail:bunshokan@ain.pref.fukui.jp

●福井ネット参考資料 06

福井豪雨 被災地視察記録票（No.　　　）　　　　福井史料ネットワーク
　　　　　　　　　　　　　　　　　　　　　記録者（　　　　　　　　）

市町村名		実施年月日	年　　月　　日（　　）
実施地域		旧村名	
参加者の氏名	（行動責任者　　　　　　　　　） 　　　　　　　　　　　　　　　　　　計　　　名		
関係機関			
行動の経過			
視察結果の概要			
所見など			

● 福井ネット参考資料 07

福井豪雨被災地 歴史資料状況調査票

福井史料ネット

調査者（　　　　　　　　　）

No.		所在リスト コード		調査年月日	年　　月　　日　午前・午後
住　所				氏　名	
確認の方法 訪問時の対応		1.不在（　　　　　　　　　　　　　　　　　　　　　　　　　　） 2.在　　a.インターホン越しに主旨を伝えた。 　　　　b.直接主旨を伝えた　対応した人　・当主　・その他（　　　　　） 　　　　c.その他（　　　　　　　　　　　　　　　　　　　　　）			
家屋の状況	被害	1.なし 2.あり　床上浸水 　　　　床下浸水 　　　　その他（　　　　　）	現状	1.そのまま　　4.建替中 2.撤去中　　　5.建替済 3.撤去後　　　6.その他	
	蔵などの 収蔵場所	1.なし 2.あり　被害の有無（あり・なし）　建て替えの予定（あり・なし・不明） 建物の古さ・被災程度など備考 [　　　　　　　　　　　　　　　　　　　　　　　　　　　　　　]			
資料の状況		1.もともとない。 2.持っていたが処分した。 3.無事保管している。 4.処置に困っている。 5.その他	備考　処分の状況、処分した資料の概要など [　　　　　　　　　　　　　　　　　　　　]		
現在所蔵する 資料の概要	年代	1.中世 2.近世（前期・中期・後期） 3.近代（明治・大正・昭和戦前・戦後）	概量		
	概要				
備　考					

附表：福井史料ネットワークの活動記録

2004.7.18	福井県嶺北地方を中心に局地的な豪雨＝福井豪雨
2004.7.21	歴史資料ネットワーク（以下「神戸史料ネット」）から県文書館に電話／神戸史料ネットについて、FAXの連絡先を文書館とすることについて
2004.7.21	神戸史料ネットから報道関係にFAX「福井豪雨被災地に歴史資料・文化遺産への注意を喚起する記事掲載のお願い」
2004.7.21	県文書館長から被災地の文化財担当者、資料所蔵者にFAX「福井豪雨被災地における古文書等資料の救出のお願い」（後に7.22文書館HPにアップ、7/27県・福井市HPにリンク）
2004.7.22	『福井新聞』「古文書捨てないで　汚れても歴史的価値　神戸の団体保存方法を出張相談」
2004.7.22	神戸史料ネットからボランティア団体にFAX「歴史的、文化的資料と遺産への配慮のお願い」
2004.7.25	神戸史料ネット4名が被災地を視察
2004.7.25	神戸史料ネットの呼びかけにより文書館で打ち合わせ　[19名参加＋新聞記者2名] 福井史料ネットワークが発足（以下「福井史料ネット」） 福井史料ネットのメーリングリスト始まる
2004.7.25	被災地域の史料所蔵者リストアップ開始＝史料調査台帳の作成（～8/3）
2004.7.25	神戸史料ネットHP「福井豪雨被害情報・福井史料ネットワーク活動情報」のページがアップ
2004.7.26	『福井新聞』「"被災"古文書を救え！保存・修復部隊「福井史料ネット」発足　県、大学、県外団体がスクラム」
2004.7.26	『神戸新聞』夕刊「水害地に教訓継承　被災史料保全ネット発足　集中豪雨禍の福井　神大助教授ら呼び掛け」
2004.7.27	神戸史料ネットが募金を呼び掛け[HP、ML]「福井豪雨の被災歴史遺産保全活動への支援募金のお願い」
2004.7.27	『神戸新聞』朝刊社説「福井豪雨　経験生かし息長い支援を」
2004.7.30	福井史料ネット打合せ　[8名参加]
2004.7.30	NHK福井「ニュースファイル」 文書館の史料救出・修復活動に関する報道
2004.8.1	第1回　被災史料現地調査（今立町岡本地区、服部地区）　[8名参加＋町職員＋区長ら]
2004.8.3	福井史料ネット打合せ　[6名参加]

2004.8.4	第2回　現地調査（今立町服間地区）　［3名参加］
2004.8.4	福井史料ネットから福井県史研究会会員各位へ郵便 被災情報の提供、現地調査参加の呼びかけ。福井でも募金を開始
2004.8.8	第3回　現地調査（今立町南中山地区）　［2名参加］
2004.8.9	第4回　現地調査（今立町粟田部地区）　［3名参加］
2004.8.9	『史料ネット News Letter』特別号（神戸史料ネット発行） 松下正和「福井豪雨の被災歴史遺産保全活動と支援募金へのご協力のお願い」
2004.8.10	第5回　現地調査（池田町全域）　［2名参加＋教育長・教委課長］
2004.8.11	第6回　現地調査（今立町服間地区）　［3名参加］
2004.8.18	福井史料ネット打合せ　［5名参加］
2004.8.22	福井史料ネットHP 松浦義則「福井史料ネット　中間総括」
2004.8.23	第7回　現地調査（福井市上文珠地区）　［3名参加］
2004.8.23	第8回　現地調査（福井市上文珠地区）　［3名参加］
2004.9.3	『史料ネット News Letter』38号（神戸史料ネット発行）、奥村弘「水害における史料ネットの役割を考える」、松下正和「福井史料ネットワークの被災史料調査活動の現状―水害による被災の特徴」
2004.9.22	文書整理（今立町立図書館）　［8名参加］
2004.9.24	第9回　現地調査（美山町下宇坂地区）　［1名参加＋文化財保護委員］
2004.9.25	『毎日新聞』福井版「福井豪雨被災の美山で史料調査　福井史料ネット」
2004.9.27	第10回　現地調査（美山町上宇坂地区）　［3名参加＋現地文化財保護委員］
2004.10.1	『文書館だより』第4号（福井県文書館発行）、「福井豪雨のあとに　資料保存のために」
2004.10.8	報告：多仁照廣「福井水害と史料被災－「行政とアーカイヴズ」－のなかで紹介する」（於：国立公文書館専門職員養成講座）
2004.10.10	『北陸史学会会報』7号、長野栄俊「福井史料ネットワークの活動について」、募金の呼びかけ
2004.10.21	報告：多仁照廣「災害と史料保存」（於：長野県歴史館「文献史料保存活用講習会」）
2004.10.22	『史料ネット News Letter』39号（神戸史料ネット発行）、山本陽一郎「「福井集中豪雨」に関する資料保存作業に参加して」、浅利文子「福井の車窓より」

2004.11.26	第11回 現地調査（鯖江市河和田地区）　［2名参加+市職員］
2005.1.6	福井史料ネット打合せ　［10名参加］ 活動をふりかえって、会計報告、今後の活動方針など
2005.2.6	報告：長野栄俊「福井史料ネットワークの活動について」（於：第8回福井県史研究会研究大会）
2005.3.28	『史料ネット News Letter』40号（神戸史料ネット発行）、澤博勝「福井史料ネットワーク、半年間の成果と課題」
2005.4.2	第12回 現地調査（福井市みのり地区）［3名参加］
2005.6.18	報告：多仁照廣「福井史料ネットワークの活動」（於：平成17年度神戸史料ネット・シンポジウム「風水害から歴史資料を守る」）
2005.6.21	福井史料ネット打合せ　［3名参加］ シンポジウムの打ち合わせ
2005.6.25	シンポジウム「史料の被災と防災」（於：敦賀短期大学） 松浦義則「（基調講演）2004年7月福井水害による史料被害と救済・保存」、長野栄俊「（報告）被災状況の現地調査活動、および史料の「現地保存」における問題点」、尾立和則「（報告）被災した資料の保存処置」、松下正和「（報告）2004年台風23号による水損歴史資料の保全・修復活動について」
2005.6.28	『福井新聞』「福井豪雨から1年資料保存法を探る　敦賀でシンポ」
2005.7.19	福井史料ネット打合せ　［3名参加］ 「災害ボランティア活動マニュアル作成事業企画案」について
2005.7.27	福井県総務部男女参画・県民活動課の募集した「災害ボランティア活動マニュアル作成事業企画案」に福井史料ネットの案を提出
2005.10.1	『歴史評論』666号、澤博勝・多仁照廣・長野栄俊・柳沢芙美子「福井史料ネットワークの設立と活動」
2005.10.1	『地方史研究』317号、村田忠繁「被災史料の救済から何を学ぶのか（シンポジウム参加記）」
2005.10.15〜10.16	地方史研究協議会、第56回（敦賀）大会（於：敦賀市プラザ萬象）ポスターセッションに参加
2005.12.17	福井史料ネット打合せ　［5名参加］ シンポジウム記録集の編集方針など
2006.1.27	『アーカイヴズ』22号、多仁照廣「福井史料ネットワークの活動と史料救済の課題と展望」
2006.2.23	報告：柳沢芙美子「福井豪雨における福井県文書館の活動」（於：全史料協近畿部会第81回例会「水害と史料保存対策について」

若狭湾沿岸地域総合講座叢書 7
史料の被災と救済・保存
～福井史料ネットワーク活動記録～

2006年11月10日第1版発行

敦賀短期大学地域交流センター 編

発行所　敦賀短期大学地域交流センター
　　　　福井県敦賀市木崎78-2-1
　　　　TEL 0770－24－2130㈹
　　　　e-mail : kouryu@tsuruga.ac.jp

印　刷　　株式会社　博研印刷

発売元　東京都千代田区飯田橋　　㈱同成社
　　　　4-4-8 東京中央ビル内
　　　　TEL03－3239－1467　振替00140-0-20618

ISBN4-88621-377-4 C1321

若狭湾沿岸地域総合講座叢書1
若狭の海とクジラ
敦賀短期大学地域交流センター 編
定価（本体500円＋税）
発売元 同 成 社

若狭湾沿岸地域総合講座叢書2
おくの細道 —大いなる道—
敦賀短期大学地域交流センター 編
定価（本体520円＋税）
発売元 同 成 社

若狭湾沿岸地域総合講座叢書3
遺伝と教育を考える
敦賀短期大学地域交流センター 編
定価（本体520円＋税）
発売元 同 成 社

若狭湾沿岸地域総合講座叢書4
博物館・文書館・大学の資料修復
敦賀短期大学地域交流センター 編
定価（本体520円＋税）
発売元 同 成 社

若狭湾沿岸地域総合講座叢書5
社会科教育歴史教育の未来像
敦賀短期大学地域総合研究所 編
定価（本体520円＋税）
発売元 同 成 社

若狭湾沿岸地域総合講座叢書6
エネルギーの将来と水素社会
敦賀短期大学地域交流センター 編
定価（本体520円＋税）
発売元 同 成 社